다시 시작할 용기

주저앉은 나에게 들려주시는 하나님의 이야기
다시 시작할 용기

지은이 | 라영환
초판 발행 | 2025. 9. 17
등록번호 | 제1988-000080호
등록된 곳 | 서울특별시 용산구 서빙고로 65길 38
발행처 | 사단법인 두란노서원
영업부 | 2078-3333    FAX | 080-749-3705
출판부 | 2078-3331

책값은 뒤표지에 있습니다.
ISBN 978-89-531-5172-7 03230

독자의 의견을 기다립니다.
tpress@duranno.com    www.duranno.com

ⓒ 이 출판물은 저작권법에 의해 보호를 받는 저작물이므로
  무단 전재와 무단 복제, 무단 사용을 할 수 없습니다.

두란노서원은 바울 사도가 3차 전도여행 때 에베소에서 성령 받은 제자들을 따로 세워 하나님의 말씀으로 양육하던 장소입니다. 사도행전 19장 8-20절의 정신에 따라 첫째 목회자를 돕는 사역과 평신도를 훈련시키는 사역, 둘째 세계선교(TIM)와 문서선교 (단행본·잡지) 사역, 셋째 예수문화 및 경배와 찬양 사역, 그리고 가정·상담 사역 등을 감당하고 있습니다. 1980년 12월 22일에 창립된 두란노서원은 주님 오실 때까지 이 사역들을 계속할 것입니다.

주저앉은 나에게 들려주시는
하나님의 이야기

# 다시 시작할 용기

지음

**차례**

추천사 _6
서문 _12

**1**
## 멈춤은 끝이 아닌 시작이다
\# 벼랑 끝에 있다고 느낄 때 _14

**2**
## 척박한 길을 믿음으로 나아가다
\# 환경의 어려움이 있을 때 _44

**3**
## 두렵지만 한 걸음을 내딛다
\# 두려워 옴짝달싹 못 할 때 _68

**4**
## 혼돈 속에서 소명을 만나다
\# 사는 데 의미가 없을 때 _90

**5**
## 유명하고 화려하지 않아도 괜찮다
\# 내 일이 별것 아닐 때 _118

**6**
## 오늘의 작은 순종이 내일을 바꾼다
\# 노력해도 변하지 않을 때 _138

**7**
## 마음이 무너질 때 감사하면 생기는 일
# 타인을 볼 수 없을 때 _ 164

**8**
## 감자 껍질 깎는 일을 가슴 뛰게 하다
# 먹고사는 일에 허덕일 때 _ 186

**9**
## 약함에서 새로운 이야기가 시작된다
# 연약함을 숨길 때 _ 204

**10**
## 절망의 시대에서 충만한 영광을 보다
# 세상에 희망이 없을 때 _ 224

**11**
## 복음은 작은 자를 꿈꾸게 한다
# 주님께 드릴 게 없을 때 _ 246

**12**
## 복음은 경험하지 못한 미래를 선사한다
# 새 일을 경험하고 싶을 때 _ 262

에필로그 _ 278

## 추천사

글을 읽으면서 평소 청년들에게 말씀하시던 라영환 교수님의 신앙과 삶의 고백이 그대로 묻어 있음을 느낄 수 있었습니다. 이 책은 IMF 경제 위기로 만만치 않았던 본인의 유학 시절과 이후의 교수 사역 그리고 청년들과의 단기 선교 등의 여정 가운데서 겪은 신앙의 진리를 청년 사랑의 마음으로 정돈한 '사랑의 서신'이라 할 수 있습니다. 저자가 서문에서 밝혔듯이 책에는 자신이 벼랑 끝에 서 있다고 느끼거나 앞길이 보이지 않아 막막함에 빠진 젊은이들에게 성경적 소망을 주려는 의도가 가득합니다. 라 교수님은 늘 청년들이 흔들림 없는 성경적 소망 위에 설 수 있도록 마음을 쏟는 분입니다. "믿음 안에서의 오늘의 고난과 현재의 불확실함은 내일의 비상을 위한 디딤돌이다." 책 전반에 흐르는 이 확신은 저자의 삶 속에서 체화된 간증입니다. 그런 면에서 이 책은 교회의 청년들만이 아니라 일반 성도들 나아가 그런 갈등과 물음을 가진 이들에게 전도용으로 선물해도 좋을 양서입니다. 유익하면서도 부담 없이 읽을 수 있도록 쓰인 이 책이 보다 많은 이들에게 널리 익히기를 바랍니다.

김영우 목사 **혜림교회 담임**

KOSTA를 섬겨 주시는 모든 강사님이 귀한 분들이십니다. 그런데 만약 누군가가 KOSTA 강사님들 중에 지금 이 시대의 청년들에게 인생의 멘토가 되어 주실 한 분을 추천해 달라고 묻는다면, 서슴없이 라영환 교수님을 소개할 것입니다. 라영환 교수님은 지성과 영성의 균형을 청년들에게 선명하게 보여 주실 뿐만 아니라, 하나님이 각 인생에 주신 달란트를 어떻게 끊임없이 갈고 닦아서 하나님이 허락하신 삶의 여정에서 200%, 300% 활짝 꽃피우며 또한 그 은사를 만나는 모든 이를 위해서 아낌없이 사용하는지를 보여 주실 수 있는 분이기 때문입니다. 이 책을 읽는 동안 저자의 감성이 얼마나 풍부하게 다른 이를 품고 있는가를 깊이 느낄 수 있습니다. 하나님의 섭리와 위로를 가득 담아낸 본문의 선택과 경험 예화를 통해, 마치 영화 〈죽은 시인의 사회〉에서 그가 만난 모든 학생에게 친구로 다가간 키팅 선생님의 좋은 설득처럼 넘어진 자를 일으키는 용기와 다시 시작하는 힘의 근원을 하늘 언어와 경험 언어로 들리듯이 전하고 있습니다. 이 책을 든 당신은 참으로 복 있는 사람입니다.

유임근 목사 KOSTA 국제본부 총무

라영환 교수님을 처음 만난 곳은 러시아 KOSTA 집회였습니다. 청년들을 향해 건네는 지혜와 사랑 가득한 메시지들은 그 자체로 복음이었고, 교수님과의 만남은 제 신앙의 중요한 이정표가 되었습니다. 이 책은 단순히 읽는 책이 아닙니다. 무너진 영혼을 다시 일으키고, 낙심한 이들에게 새 숨을 불어넣는 책입니다. 무엇보다 하나님이 결코 나를 외면하지 않으시고, 가장 가까운 자리에서 함께하신다는 진리를 신학적이고도 실제적인 이야기로 풀어내 주었습니다. 절망에 빠진 사람, 꿈이 무너져 더 이상 무엇도 붙잡을 수 없는 청년들, 광야에서 길을 잃고 이제는 삶에 아무런 기대도 남지 않은 자들, 그리고 소명과 현실 사이에서 지치고 흔들리는 하나님의 사람들에게 이 책은 반드시 읽혀야 합니다. 책을 읽어 내려가며, 낙심되었던 저의 마음이 소망과 기대함으로 바뀌는 정말 놀라운 경험을 했습니다. 이 책은 우리가 믿는 하나님이 얼마나 실제적인 분이신지, 우리의 연약함에 얼마나 깊이 공감하는 분이신지를 분명하게 보여 주며 지금도 우리에게 손을 내밀고 계시는 분임을 일깨워 줍니다. 하나님을 더 사랑하고, 더 경외하고, 더 신뢰하게 되는 책. 그 하나님을 다시 만나는 책. 이 책이 꼭 많은 사람들의 손에 들리고, 마음에 새겨지길 바랍니다.

이미나 대표 ㈜더엘그룹, 스파더엘

책은 곧 사람이다. 책을 펼치면, 문장 너머로 저자의 마음이 느껴지고, 그의 삶이 보인다. 좋은 책은 단순히 정보를 주는 데 그치지 않는다. 우리의 마음을 어루만지고, 잊고 있던 것을 다시 붙잡게 한다. 흐려진 방향을 선명하게 하고, 멈춰 선 삶을 다시 달리게 한다. 그런 책을 만나는 것은 축복이고, 그런 책을 쓴 사람을 만나는 것은 은혜이다. 라영환 교수님의 이 책이 내게 그렇다. 이 책에는 학자로서의 깊은 통찰이 담겨 있지만, 단순한 지식을 넘어 삶의 지혜가 스며 있다. 저자는 누군가를 설득하려 하기보다 말씀 앞에 선 자신의 모습을 진솔하게 드러낸다. 그래서 성경을 해석하는 탁월함보다 더 깊은, 성경을 사랑하는 마음이 진하게 느껴진다. 우리는 지금 너무 많은 말과 정보 속에 살고 있다. 그래서 우리에게 더 절실한 건 말로만이 아닌, 삶으로 증명된 진리이다. 마음이 흔들리고 있다면, 삶의 의미가 흐려지고 있다면, 신앙이 버겁게 느껴진다면, 하루하루 버텨 내는 것만으로 힘겹다면 이 책을 펼쳐 보라. 어느 페이지를 펼치든, 말씀을 따라 살아 낸 저자의 삶을 통해 다시 걸어갈 힘을 얻게 될 것이다. 이 책은 우리로 하여금 믿음의 눈으로 현실을 다시 바라보게 한다. 두려움과 약함이라는 현실을 부인하지 않으면서도, 그 너머에 계신 하나님의 약속을 붙잡을 수 있도록 북돋아 준다. 오늘의 작은 걸음이 믿음이고, 두려움 속에서도 한 발 내딛는 것이 신앙임을 일깨운다. 무엇보다 이 책을 덮을 즈음이면 자연스레 우리 시선이 높아진다. 과거의 한계에 머물 것이 아니라, 새 일을 행하시는 하나님을 기대하며 살아가라는 치열한 도전을 받게 된다. 매일의 순간 속에서 새로운 은혜를 발견하는 삶, 그 믿음의 여정으로 우리를 초대하는 이 책이야말로 지금의 우리에게 꼭 필요한 동반자가 아닐까 생각한다.

장재기 목사 《따라 하는 기도》 저자

라영환 교수님의 글은 언제나 제 안에 잊고 있었던 것을 다시 불러내고, 얕게만 알았던 것을 깊이 들여다보게 하며, 놓치고 살던 관점을 다시금 찾게 도와줍니다. 그런데 이번 책은, 그저 지식이나 통찰을 넘어 우리의 마음 깊숙한 질문에 조심스레 다가와 줍니다. 세상 속에 살아가는 제가 하나님을 다시 바라보게 했고, 세상 앞에서 작고 초라해 보일 때도 그 모습 그대로 앞으로 나아갈 용기를 주었습니다. "내가 과연 잘 살 수 있을까?", "내가 가진 조건과 능력으로 과연 다시 시작할 수 있을까?" 삶에 지치고, 세상 앞에서 초라해진 날, 우리는 이런 물음을 품곤 합니다. 그 물음은 때로 믿음도 흔들리게 하고, 마음의 중심이 무너지는 경험을 하게 합니다. 무너진 자리에서 하나님을 바라보기란 참 쉽지 않은 일입니다. 그러나 이 책은 그런 자리에 놓인 우리에게, 하나님이 여전히 우리를 붙들고 계신다는 사실을 조심스럽고도 단단하게 증언합니다. 세상 속으로 돌아가야 하는 우리, 어제의 실패를 껴안고 오늘을 살아 내야 하는 우리, 여전히 부족하고 엉망인 자신의 모습을 견디며 다시 걷기를 결심한 모든 이에게 이 책은 따뜻한 등불과 같은 동행이 될 것입니다.

황태환 대표 ㈜에이치유지, 하준파파

## 서문

# 실패와 좌절은 우리를 더 넓은
# 삶의 이야기로 초대한다

인생이 벼랑 끝에 서 있다고 느껴 본 적이 한 번쯤 있을
것이다. 마치 모든 것이 멈춘 듯한 순간, 앞길이 보이지
않고 내딛는 한 걸음조차 막막한 순간들….

이 책은 바로 그 자리에 선 이들을 위한 고백이자
응원이다. 꿈이 깨지면 세상이 끝난 듯 느껴질 수 있지만,
진짜 끝은 아니다. 아직 발견되지 않은 길들이 지도
밖 어딘가에 존재하듯, 우리의 작은 용기와 흔들리는
걸음 속에도 또 다른 시작이 숨어 있다. 실패와 좌절은
우리를 멈추게 하는 것이 아니라, 더 넓은 삶의 이야기로
초대한다. 이 책은 확실한 해답을 내리기보다는 독자와
함께 고민하고, 함께 넘어지고, 다시 일어서는 여정에
동행하고자 하는 마음으로 그동안 청년들과 나누었던
이야기들을 모은 것이다.

"내가 걷는 이 길에 의미가 있을까?", "다시 일어설 수 있을까?"라는 질문을 품는 모든 이에게 인생의 벼랑 끝에서 만난 하나님과 광야에서의 기적과 일상에서 발견하는 회복과 소명의 이야기를 통해 어떻게 다시 힘을 얻고 자기 삶을 새롭게 바라볼 수 있는지 말해 주고 싶다. 또한 삶의 낭떠러지는 끝이 아닌 날아오르기 위한 디딤돌임을, 초라하지만 힘겹게 내딛는 오늘의 작은 걸음이 내일을 바꿀 수 있음을 전하고 싶다.

이 책을 덮는 순간, 독자의 삶 가운데서 하나님이 이끄시는 회복의 서사가 조용히 시작되기를 소망한다.

라영환

\# 벼랑 끝에 있다고 느낄 때
\# 출애굽기 3:1-14

# 1

# 멈춤은 끝이 아닌 시작이다

○
○
○



공항에 가면 비행기가 이착륙하는 활주로가 있고, 활주로 끝에는 빨간색 경고등이 있다. 이 경고등은 조종사에게 활주로 끝을 알려 안전한 비행을 하도록 돕는 역할을 한다. 활주로 경고등의 빨간색은 우리가 도로에서 보는 신호등의 빨간색과는 다른 의미가 있다. 일반적으로 빨간색은 멈춤을 의미하고, 녹색등은 앞으로 나아감을 의미한다. 그런데 활주로 끝에 있는 빨간색 경고등은 멈추어 서라는 뜻이 아니라 이제 날아오를 때가 되었음을 알려 준다.

인생의 활주로에서 빨간색 경고등을 보고 멈추어 본 경험이 여러 번 있을 것이다. 그러나 활주로 끝의 빨간색 경고등이 멈춤이 아닌 날아오름을 의미하듯이, 하나님이 우리를 인생의 활주로에 서게 하신 것은 날아오르게 하기 위함임을 알아야 한다.

## 즉각적인 기도 응답을 경험하다

2020년, 코로나바이러스로 인해 모든 교육 기관에서 대면 수업이 비대면 수업으로 전환되었다. 내가 가르치는 총신대학교 역시 코로나 기간 비대면으로 수업하였다. 신학과 교수이다 보니 내가 가르치는 학생 대부분은 목회자가 되거나 기독교 기관에서 사역한다. 비대면 수업을 하는 동안 '학생들이 인터넷 강의를 통해서 목회자가 될 수 있을까?', '온라인으로 하나님을 체험할 수 있을까?' 하는 생각이 들었다. 학생들이 어떻게 하면 하나님을 체험할 수 있을까 고민하다가 현장 수업이 재개되고 나서 학생들과 논의하던 중 단기 선교를 떠나기로 했다.

그리하여 2023년부터 여름방학과 겨울방학, 일 년에 두 차례 학생들과 함께 선교지를 방문하고 있다. 방학 때마다 선교지를 방문하는 이유는 교실에서 배울 수 없는, 현장에서만 배울 수 있는 그 무엇인가가 있어서다. 선교지를 방문할 때마다 느끼는 것이지만, 선교지에 가면 하나님이 주시는 특별한 은혜를 체험하게 된다.

2023년 8월 21일부터 27일까지 5박 7일의 일정으로 필리핀의 산 페르난도(San Fernando)를 방문하였다. 이스라엘 민족이 광야에서 체험한 것과 같은 기적이 일주일 내내 이어졌다. 개인적으로는 내 인생에 기도할 때마다 이렇게 즉각적으로 응답받은 적도 없었던 것 같다.

   21일 저녁 9시 출발이라 주일 예배를 마치고, 오후 5시에 공항에 모여 출발하기로 했다. 5시쯤 공항에 갔더니 학생 대표 단비와 부대표 수진이를 비롯한 몇 명의 학생들이 이미 도착해 있었다. 10분쯤 지났을까 수진이가 오더니 "교수님, 지난 며칠간 고열로 몹시 힘들었어요. 필리핀에 가야 할지 말아야 할지 고민하다가 그래도 그동안 준비한 것이 있어서 공항에는 나왔는데, 약을 먹어도 열이 떨어지지 않네요. 어떡하지요?" 하고 내게 물었다. 당시에는 열이 있는 승객은 비행기 타는 데 제한이 있었다.

   어떻게 해야 할까? 고민했지만, 내가 할 수 있는 일이 없었다. 그래서 수진이에게 같이 기도하자고 했다. "하나님, 수진이가 선교지로 가는 것이 하나님의 뜻이라면 열이 떨어지게 해 주세요"라고 기도했다.

그러고 나서 10분 정도 지났는데, 수진이가 내게 와서 열이 떨어졌다고 말하였다. 같이 하나님께 감사 기도를 드리고 출국을 준비했다.

그런데 그날따라 왜 그렇게 문제가 많았는지…. 이번에는 정현이라는 학생이 수화물 검사대를 통과하지 못하여 그 자리에서 엉엉 울었다. 이야기를 들어보니 정현이는 출국 며칠 전에 장염을 앓았다고 한다. 선교지를 갈까 말까 고민하다가 그래도 한 학기 동안 준비했으니 가야겠다고 생각하고, 필리핀 음식이 기름져 탈이 날까 봐 죽을 싸서 공항에 왔는데, 담당 직원이 "죽은 안 된다"라고 하면서 못 가져가게 했다는 것이다. 힘들게 결심하고 왔는데, 죽을 빼앗기니까 속이 상해 울었다고 한다.

함께 기도했다. "하나님, 정현이가 힘들게 결심하고 선교지를 가기 위해 죽을 싸서 왔는데, 죽을 빼앗겨 버렸습니다. 하나님, 정현이를 고쳐 주세요"라고 짧게 기도했다. 그리고 비행기를 타면서 승무원에게 사정을 설명하고, 혹시 가능하면 물에 밥을 말아 먹을 수 있도록 도와달라고 부탁했다. 기내식을 먹고 난 후 정현이가 궁금해서 그의 자리로 갔다. 정현이가 나를 보더니 방긋 웃으면서 "교수님, 기내식이 정말 맛있어요!"라고 말하는 것이 아닌가! 정말 감사했다.

일정 가운데 현지 주민 500명을 초대해서 1시간 30분간 공연하고, 복음을 전하는 프로그램이 있었다. 3시간 전에 도착해서 음향 장비를 세팅하고 전원을 연결했는데, 갑자기 앰프가 내장된 스피커에 스파크가 일어나면서 먹통이 되어 버렸다. 장비를 갑자기 구할 수도 없고, 500명을 놓고 어쿠스틱으로 공연할 수도 없고, 난감한 상황이었다.

당황한 학생들에게 함께 기도하자고 했다. 기도를 마치고 나서 한 학생이 전원을 연결해도 될지를 묻는데, 도무지 자신이 없어서 한 시간만 기다려 보자고 했다. 그리고 한 시간 후에 전원을 연결했는데, 스피커에서 소리가 났다. 그 순간 우리는 한마음으로 하나님께 감사와 영광을 돌렸다. 광야에서 역사하시는 하나님을 경험한 순간이었다.

그렇게 월요일부터 목요일까지 사역을 마쳤고, 금요일에 바닷가의 리조트에 가는 일정만 남았다. 리조트에서 지난 5일간 수고한 학생들을 격려하며 함께 바나나보트나 제트 스키를 타고, 스노클링(snorkeling)을 즐기면서 쉬기 위해서였다. 그런데 목요일 저녁 사역을 마친 다음부터 비가 내리기 시작하더니 마치 하늘에

구멍이라도 난 듯이 폭우가 쏟아졌다.

다음 날에 리조트를 향해 출발하려는데, 호우 경보 시스템상 최고 수준인 '레드 단계'에 돌입하였으므로 리조트 이용이 불가능하다는 연락을 받았다. 필리핀의 호우 경보는 레드, 오렌지, 옐로우 등 세 단계로 나뉘는데, 레드는 최고 등급으로 폭우로 인해 중대한 재해가 일어날 수 있으니 홍수 위험 지역은 즉시 대피해야 한다는 뜻이며 오렌지는 호우 피해가 염려되는 단계로 대피를 준비하라는 뜻이고, 옐로우는 호우로 인한 피해가 있을 가능성이 있으니 주의하라는 뜻이다.

선교사님이 얼마라도 환급을 받아 보겠다고 사무실로 들어가셨는데, 학생들이 너무 아쉬워해서 같이 기도하자고 했다. 그런데 놀랍게도 기도를 마치자마자 선교사님이 오더니 "교수님, 비가 멈추었어요"라고 말씀하시는 게 아닌가? 1단계 낮아지는 데 아무리 빨라도 한나절은 걸릴 텐데, 불과 5분 만에 3단계나 낮아진 것이다.

어떤 사람은 이 모든 것이 '우연'이라고 말하겠지만, 신기한 것은 그 '우연'이 기도하면 일어나고, 기도하지 않으면 일어나지 않는다는 것이다. 아마도 하나님은 이러한 일을 통해 학생들에게 당신이 살아계신 실제임을 보여 주고자 하셨던 것 같다.

우리는 리조트에서 마지막 시간을 즐겁게 보내고, 마닐라로 향하는 버스에 올라탔다. 선교사님이 학생들의 여권을 보관해 두었다가 버스 안에서 하나씩 나눠 주셨다. 버스 안에서 지난 5일간 하나님의 함께하심을 나누면서 2시간 동안 찬양하고 기도하며 일정을 마무리했다. 모든 것이 순조로웠다.

그런데 공항에 도착해 탑승 수속을 밟던 중에 예담이가 나를 다급하게 찾았다. "교수님! 여권이 없어요." 그 한마디에 분위기가 싸늘해졌다. 우리는 버스를 다시 뒤지고, 버스에서부터 탑승 수속 카운터까지 이동해 온 모든 경로를 따라 샅샅이 살펴봤지만, 여권은 보이지 않았다.

나는 MBTI 성격 유형에서 ISTJ에 속한다. 계획 세우기를 좋아하고, 계획이 차질 없이 진행되는 것을 중요하게 여긴다. 감정보다는 논리를, 관계보다는 효율을 우선시하는 성향이다. 그래서 예담이에게 현실적으로 말했다. "예담아, 어쩔 수 없다. 우리는 먼저 가고, 너는 남아야 할 것 같아." 그렇게 해서 속상해하는 예담이를 홀로 남겨 둔 채 탑승하러 가는데, 마음이 불편했다. 마지막으로, 예담이를 위해 기도하자고 학생들을 모았다. 짧은 기도를 마치자마자 놀라운 일이 일어났다. 예담이에게서 연락이 온 것이다. "교수님! 저 여권 찾았어요." 이야기를 들어보니 돌아가던 버스 안에서 보조원이 혹시나 하는 마음으로 좌석 밑을 다시 살폈는데, 그곳에서 예담이의 여권을 발견했다는 것이다.

학생들과 단기 선교를 준비하면서 했던 기도가 학생들이 하나님의 살아계심을 체험하는 것이었다. 선교지로 출발할 때부터 귀국할 때까지 6일간 이스라엘 백성들이 광야에서 체험한 것과 같은 기적들이 내내 이어졌다. 삶이 뜻대로 되지 않을 때, 길이 끊겼다고 느껴질 때, 마침 빨간색 경고등이 보인다면, 그것은 포기하라는 신호가 아니라 이제 날아오를 때가 되었다는 신호임을 알아야 한다.

## 광야, 하나님의 말씀이 이루어지는 곳

'광야'는 성경에서 가장 많이 나오는 단어 가운데 하나다. 광야 하면 떠오르는 이미지는 황량하고 척박한 땅, 고난과 고통 등일 것이다. 히브리어로 광야는 황무지, 사막, 거친 들 등을 뜻하는 미드바르(מִדְבָּר, midbar)다.

미드바르는 미(מ)와 다바르(דבר)의 합성어로 다바르는
'말씀'을 뜻하고, 미는 '어떤 장소에서 비롯됨'을 나타낼
때 단어 앞에 붙이는 전치사다.

예를 들어, 히브리어로 성전은 미크다쉬(מקדש)인데,
'거룩한'이란 뜻의 카도쉬(קדוש)와 미(מ)가 합쳐져서
'거룩한 장소', 곧 성전을 뜻하게 되었다. 같은 맥락에서
미드바르를 보면, '하나님의 말씀이 이루어지는 곳'으로
해석할 수 있다. 광야는 겉으로 보기에 고통의 땅이지만,
하나님의 말씀이 있는 장소이기도 하다. 그래서 광야는
고통의 땅이 아니라 기회의 땅이라고 할 수 있다.

광야에서의 삶은 마치 '도장 깨기'와도 같다. 도장
깨기란 어떤 분야에서 한계를 돌파하는 것을 말한다.
광야가 그렇다. 그곳에서는 이전의 경험도 지식도
무력해진다. 그래서 지금까지 던지지 못했던 질문을
던지는 곳이기도 하다. 이스라엘 백성은 이집트에서
힘든 삶을 살아야 했다. 그곳에서 그들은 자신의 삶을
스스로 설계할 수 없는 수동적 존재였다.

그러나 광야에서는 달랐다. 광야 생활 40년 동안
이스라엘은 끊임없이 밀려오는 삶의 문제와 맞닥뜨려야
했고, 그 과정을 통해 자기가 어떤 존재이며 어디까지
뻗어 나갈 수 있는지를 확인하며 살았다.

살다 보면 열심히 하는 것만으로는 되지 않을 때가 있다. 노력을 안 하는 것도 아닌데, 뜻대로 안 될 때가 있다. 모세의 이야기는 이러한 상황에 있는 사람들에게 많은 도전과 위로가 된다. 우리는 모세를 위대한 인물로 보지만, 사실 그는 실패에 대한 두려움으로 인해 무기력한 상태에서 매사에 부정적인 삶을 살고 있었다. 하나님은 학습된 무기력에 빠진 모세에게 나타나셔서 그의 잃어버린 꿈과 열정을 회복시켜 주시고, 믿음의 사람으로 바꾸어 가셨다.

출애굽기 3장은 하나님이 모세에게 나타나셨을 때를 이렇게 묘사한다. "모세가 그의 장인 미디안 제사장 이드로의 양 떼를 치더니 그 떼를 광야 서쪽으로 인도하여 하나님의 산 호렙에 이르매"(출 3:1).

이 구절은 하나님이 모세에게 나타나셨을 때, 모세의 상태와 관련해 두 가지 사실을 알려 준다. 첫째로 모세는 미디안 장인 이드로의 양 떼를 치고 있었다는 것과 둘째로 하나님의 산 호렙에 있었다는 것이다.

사실, "모세가 양을 치더니 그 무리를 광야 서쪽으로 인도하여 하나님의 산 호렙에 이르매"라고만 기록해도 이해하는 데 큰 어려움이 없다. 그런데 출애굽기 기자는 굳이 "장인 미디안 제사장 이드로의 양 떼"라는 말을 넣었다. 모세의 장인은 미디안 제사장이었다. 우리는 모세가 한때 이집트의 왕자였음에도 이스라엘이라는 민족적 정체성 때문에 이집트인을 죽였음을 알고 있다. 그런 모세가 미디안 제사장의 딸과 결혼한 것이다. 히브리인은 이방인과의 결혼이 금지되어 있었다. 그런데 '하나님의 백성'이라는 정체성 때문에 '이집트 공주의 아들'이라는 신분을 포기할 만큼 위험을 감수했던 모세가 미디안 제사장의 딸과 결혼한 것이다.

여기서 우리는 무너져 버릴 대로 무너져 버린 모세의 자존감을 본다. 그가 이집트의 왕을 피해 도망친 이유는 히브리인이라는 정체성 때문이었다. 그런 그가 어떻게 다른 사람도 아닌 미디안 제사장의 딸과 결혼할 수 있었을까?

아마도 모세는 '히브리인이라는 사실이, 하나님의 백성이라는 정체성이 나에게 무슨 의미가 있는가? 하나님 나라의 비전을 품고 살았지만, 나에게 남은 것은 실망뿐 아닌가? 그렇다면 그것을 붙잡고 살아갈 이유가 있을까?'라고 생각했을 것이다. 그래서 미디안 제사장의 딸과 주저 없이 결혼했을 것이다. 하나님을 만날 때까지 80년 동안, 그를 지배하던 근본적인 감정은 반복된 좌절감이었다.

한때, 모세는 이집트의 왕자였다. 그가 이집트 왕자가 된 것은 바로의 딸이 나일강에서 갈대 상자에 눕힌 채 떠내려오던 아기 모세를 입양했기 때문이다. "바로의 딸이 목욕하러 나일강으로 내려오고 시녀들은 나일강 가를 거닐 때에 그가 갈대 사이의 상자를 보고 시녀를 보내어 가져다가 열고 그 아기를 보니 아기가 우는지라 그가 그를 불쌍히 여겨 이르되 이는 히브리 사람의 아기로다"(출 2:5-6).

바로의 딸은 갈대 상자에 담긴 아이를 보고, 그 아이가 히브리 아이인 것을 바로 알았다. 바로의 딸이 무엇이 부족해서 히브리 아이를 입양했을까? 이집트 역사를 알면, 성경을 이해하는 데 도움이 된다.

### 모세, 유대인도 이집트인도 아닌 경계인

이집트 역사는 고왕조(3100-2040 BC), *중왕조(2040-1567

---

*고왕조는 피라미드가 건설된 시기로 이집트 문화가 번창하던 시기였다. 농경과 공예가 발달하였고, 중앙 집권화된 정부 체계를 갖추었다. 이 시기에는 능력만 있으면 누구나 신분 상승이 가능했다.

BC), 신왕조(1567-525 BC), 후기 왕조(525-332 BC), 프톨레마이오스 왕조(332-30 BC) 등으로 구분된다.

그중 중왕조(11-17왕조)는 이집트 역사상 치욕적인 시기였다. 13왕조부터 17왕조는 가나안에서 넘어온 힉소스(Hyksos)인들이 통치하던 시기였다.* 그 후 힉소스 왕조를 몰아내고 다시 세운 18왕조부터 신왕조라고 한다.

신왕조의 첫 번째 왕은 아흐모세 1세(Ahmose I)다. 이를 시작으로 아멘호테프 1세(Amenhotep I), 투트모세 1세(Thutmose I) 등으로 이어진다. 출애굽기의 "요셉을 알지 못하는 새 왕"(출 1:8)이 바로 이 신왕조의 1대 파라오 아흐모세 1세다. 힉소스를 몰아내고 세워진 신왕조는 힉소스인과 가나안 지역 사람들에 대한 적대감을 가지고 있었다. 18왕조는 이스라엘 사람들을 힉소스인들과 동류로 보고, 심한 차별 정책을 펼쳤다. 이스라엘 사람들은 노예가 되었고, "비돔과 라암셋을 건축"(출 1:11)하는 데 동원되었다.

이스라엘 백성들은 학대와 중노동에도 불구하고 번성했다. 이에 투트모세 1세는 화근을 없애기 위해

---

* 일부 학자는 15왕조 때 요셉이 이집트의 총리가 되었다고 본다.

이스라엘 사람 가운데 아들이 태어나면 죽이라는 명령을 내렸다.

"애굽 왕이 히브리 산파 십브라라 하는 사람과 부아라 하는 사람에게 말하여 이르되 너희는 히브리 여인을 위하여 해산을 도울 때에 그 자리를 살펴서 아들이거든 그를 죽이고 딸이거든 살려두라 … 그러므로 바로가 그의 모든 백성에게 명령하여 이르되 아들이 태어나거든 너희는 그를 나일강에 던지고 딸이거든 살려두라 하였더라"(출 1:15-16, 22).

성경은 모세의 부모가 아들을 낳았는데, 바로의 명령대로 죽일 수 없어서 갈대 상자에 넣어 나일강에 버렸다고 말한다. 나일강에 버려진 아기는 모세만이 아니었다. 많은 히브리 남자 아기들이 강에 버려졌다. 바로의 딸이 갈대 상자에 담겨 떠내려오는 아기를 보고 "이는 히브리 사람의 아기로다"(출 2:6)라고 한 것도 이러한 배경에서 이해해야 한다.

그런데 흥미로운 점은 바로의 딸이 이스라엘의 갓 태어난 남자아기들을 다 죽이라는 아버지의 명령이 있었음에도 그 히브리 아기를 입양했다는 것이다. 바로의 딸이 히브리 남자 아기를 입양한 이유가 무엇일까?

신왕조 3대 왕인 투트모세 1세에게는 아들이 없고 말만 있었다. 이 딸이 바로 모세를 입양한 공주다. 그녀의 이름은 하트셉수트(Hatshepsut)다. 아들이 없던 투트모세 1세는 딸 하트셉수트를 후궁과의 사이에서 낳은 아들 투트모세 2세와 결혼시켰다. 하지만 그들 사이에도 아들이 없었고, 투트모세 2세는 후궁 이세트(Iset)를 통해 아들을 낳았다. 이 아들이 후에 파라오가 된 투트모세 3세다.

투트모세 2세가 13년간 이집트를 다스리다가 세상을 떠나자 "바로의 딸"(출 2:5)은 후에 투트모세 3세가 되는 어린 아들을 대신하여 섭정하게 된다. 후궁이 낳은 아이가 성장하여 파라오가 되면, 그녀의 신변이 위태로워질 수 있었다. 그래서 "바로의 딸", 곧 하트셉수트는 궁여지책으로 나일강에 히브리인들이 아이를 버리는 것을 알았고 모세를 건져 양자로 삼은 것이다. 공주는 그 아이가 히브리인의 아이인 것을 알았다.

히브리인에 대해 적대적인 감정이 있었던 이집트 왕가에서 히브리 남자 아기를 양자로 들인다는 것은 상식적으로 말이 안 되었지만, 하트셉수트의 처지에서 보면 이해된다. 성경은 그녀가 갈대 상자에서 건진 아기의 이름을 "모세"(출 2:10)로 지어 주었다고 전한다.

흥미로운 것은 '모세'가 이집트 왕가에서 주로 쓰이던 이름이었다는 점이다. 그녀의 아버지 이름이 투트모세 1세이고, 선대왕의 이름이 아흐모세 1세다. 모세는 '-에게서 난 자'라는 뜻의 이집트어로 투트모세는 '투트 신에게서 난 자'라는 뜻이다. 성경은 모세의 뜻이 '물에서 건져 낸 자'라고 했지만, 이집트에서는 주로 신과 연결하여 파라오의 이름으로 사용되었다. 바로의 궁에는 하트셉수트를 지지하는 세력만 있는 것이 아니라, 낳은 투트모세 3세를 지지하는 세력 역시 있었을 것이다. 그러므로 모세가 히브리인이라는 사실이 발각되면, 하트셉수트와 모세에게 치명타가 될 수 있었다. 아마도 그녀는 어린 모세에게 자신의 정체성을 노출하지 말라고 신신당부했을 것이다.

모세는 자라면서 의붓형제 격인 투트모세 3세와 비교되었을 것이다. 투트모세 3세는 정통 이집트인이었다. 모세는 같은 왕자였지만, 이집트 출신이 아니라는 이유로 한계를 느끼며 살았을 것이다. 투트모세 3세에게는 당연한 일이 모세에게는 당연하지 않았다. 그는 '저 아이에겐 쉬운 것이 나에겐 늘 어렵고, 저 아이에게는 당연한 일이 나에게는 당연하지 않구나'

하고 늘 좌절하며 살았을 것이다. 반복된 좌절은 모세가 자라는 동안 그를 짓누른 근본적인 감정이었다.

히브리인을 학대하는 이집트인을 죽인 것은 그의 좌절감으로 인한 분노가 폭발한 사건이다. 아마도 모세는 그 광경에서 자신의 모습을 보았을 것이다. 많은 이들이 이 사건을 모세의 '거룩한 분노'로 해석하는데, 사건의 맥락을 보면 풀리지 않는 문제들이 있다. 만약 그것이 정의감이었다면, 먼저 이스라엘 지도자들과 논의했어야 했다. 게다가 모세는 이집트 왕가의 일원으로서 왕자 수업을 받았다. 그 수업 가운데는 전쟁에 관한 수업도 있었을 것이다. 어떻게 하면 전쟁에서 이길 수 있는지, 효과적인 전술이 무엇인지도 배웠을 것이다.

모세가 히브리인, 곧 "자기 형제"(출 2:11)를 구하기 위해 이집트인을 쳐 죽인 것은 전술적으로 효과적이지 않았다. 심지어 동족인 이스라엘 사람들에게서도 지지받지 못했다. 그는 히브리인도 이집트인도 아닌, 그 어디에도 속하지 못한 '경계인'이었다. 출신의 한계가 그의 발목을 잡았다.

결국, 그 일로 인해 모세는 이집트를 떠나 긴 방랑의 길로 들어섰다.

## 네가 선 곳은 거룩한 땅이다

모세는 광야에서 40년 동안 장인 이드로의 양을 돌봤지만, 그의 양은 없었다. 품삯을 1년에 1마리씩만 받았어도 40마리는 되었을 것이다. 그가 미디안 사람이었다면 아마도 품삯으로 장인의 재산 일부를 이미 물려받았을 것이다. 그러나 미디안 사람들이 보기에 모세는 여전히 이방인이었고, 그에게 재산 일부를 나눠 주는 것은 미디안 족속의 몫이 줄어드는 것을 의미했다. 모세는 이곳에서도 남들에게 당연한 것이 자신에게는 당연하지 않은 어려움을 경험했다.

그는 하나님을 만나기 전까지 반복하여 좌절을 경험하고 있었다. 그래서 그는 하나님의 산에 있었으면서도 하나님을 보지 못했다. 자기 문제에 사로잡혀 하나님을 보지 못한 것이다.

하나님은 그런 모세를 회복시키기를 원하셨다. "하나님이 이르시되 이리로 가까이 오지 말라 네가 선 곳은 거룩한 땅이니 네 발에서 신을 벗으라"(출 3:5).

그가 선 곳이 "거룩한 땅"이라는 말씀은 그에게 대단히 충격적인 도전이었다. 지금까지 그는 그곳을 거룩한 곳이라고 여겨 본 적이 없었다. 그에게는 거룩한 곳이 아니라 오히려 실패의 장소요 좌절의 장소였다. 쓸쓸히 장인 이드로의 양을 치던 곳일 뿐이다. 그런데 하나님은 모세에게 "네가 선 곳은 거룩한 땅이다"라고 말씀하심으로써 그의 관점을 바꿔 놓으셨다.

"지금 네가 선 그곳이 곧 사명의 현장임을 아느냐?"라고 물으신 것이다. 하나님은 모세가 자신의 삶을, 자신의 현실을 새로운 눈으로 바라보기를 원하셨다.

"거룩한 땅"이란 어떤 곳인가? 하나님의 사람들이 서 있는 곳, 곧 우리가 서 있는 곳이다. 세상이 시들해 보이는 이유는 정말로 세상이 시들해서 그러는 것이 아니다. 내 열정이 식어서 그렇게 보이는 것이다. 세상은 늘 똑같이 서 있다.

신앙의 유익이 무엇인가? 삶을 재해석하는 것이다. 힘들고, 어렵고, 무의미하게 느껴지던 삶이 갑자기 의미 있게 되는 것이다. 무엇이 바뀌었는가? 세상이 바뀌었는가? 아니면 내가 바뀌었는가? 내가 변해야 세상이 변한다.

내가 하는 일이 무의미하게 느껴지는가? 의미는 소명에서 나온다. 소명이 있으면 내가 하는 일에 의미가 생긴다. 소명은 과거나 현재가 아닌 미래와 관련되어 있다. 소명은 미래를 바라보게 한다. 소명의 관점에서 내 삶의 현장을 바라보자.

소명이 모세의 관점을 바꾸었다. 이 사건은 그의 잃어버린 열정을 회복시켰다. "네가 선 곳은 거룩한 땅"이라고 하셨으니, 우리가 서 있는 곳은 곧 "거룩한 땅"이다. '성지 순례'란 잘못된 표현이다. 성지(聖地)가 어디에 있는가? 우리가 서 있는 곳이 바로 성지다. 성지의 개념은 가톨릭에서 왔다. 사도신경의 "성도가 서로 교통하는 것과"에서 '성도'는 영어로 세인트(saint)다. 가톨릭에서 세인트는 성인(聖人)을 말한다. 그러나 개신교는 특별한 사람이 아니라 모두가 '성도'라고 말한다. 같은 맥락에서 이스라엘은 성지, 곧 거룩한 땅이 아니라 성경 유적지일 뿐이다. 성인, 성물, 성지 등은 중세 가톨릭의 개념이다.

우리가 거룩한 사람이고, 우리가 서 있는 곳이 거룩한 곳이고, 우리가 하는 일이 거룩한 일이다. 그러므로 우리가 거룩히 해야 할 곳은 다른 곳이 아닌 현재 자기가 선 곳임을 알아야 할 것이다.

## 스스로 있는 자가 너를 보내노라

하나님은 반복되는 실패와 좌절 속에 살던 모세에게 소명을 주셨다. 그리고 하나님은 모세를 어디로 보내는가? '실패의 땅'이라고 믿었던 이집트, 그가 떠나고 싶었던 곳, 잊고 싶던 과거의 그곳으로 그를 보내신다.

상처가 소명으로 변화될 때가 있다. 소망은 절망 속에서 피어나는 법이다. 이것이 십자가와 부활의 역설이다. 이집트는 망각해야 할 장소가 아니라 기억해야 할, 다시 돌아가야 할, 회복해야 할 장소였다. 죽음을 뚫고 나오는 생명을 경험해야 할 장소였다.

앞이 보이지 않고 더 나아갈 길이 없어 보이는, 길이 끊긴 것 같은 순간에 하나님이 말씀하신다. 멈추지 말고 날아오르라고, 이제 날아오를 때가 되었다고 말씀하신다. 나갈 길이 없어 보일 수 있다. 그러나 길이 끊긴 것은 멈추라는 사인이 아니라 날아오르라는 사인임을 기억하자.

모세는 학습된 무기력감에 사로잡혀 살았다. 자신이 무엇을 할 수 있는지도 생각하지 못했다. 그저 상황이 문제였고, 그것을 극복하지 못하는 자신이

한탄스러웠다. 그래서 불붙은 떨기나무가 타지 않아도, 심지어 하나님의 말씀을 들어도 이사야처럼 "내가 여기 있나이다 나를 보내소서"(사 6:8)라고 고백하지 못했다.

하나님이 사용하겠다고 하시는데도, 그는 마치 MZ세대처럼 "이걸요?", "제가요?", "왜요?"라고 묻기만 했다. "모세가 하나님께 아뢰되 내가 누구이기에 바로에게 가며 이스라엘 자손을 애굽에서 인도하여 내리이까"(출 3:11).

"내가 누구이기에"란 말은 그를 평생 괴롭혀 온 내면의 상처를 드러낸다. 그를 괴롭힌 근본적인 감정은 '나는 아무것도 아니다'(I am nothing)였다. 이집트 왕자였지만, 정통성이 없으니(I am not Egyptian), 하고 싶어도 할 수 있는 일이 없었다. 미디안 제사장의 사위로 40년을 살았지만, 미디안 사람들이라면(I am not Midianites) 당연히 누렸을 권리를 누리지 못했다. 그래서 하나님께 "내가 누구이기에"(Who am I)라고 물은 것이다. 모세는 지난 80년간 이집트에서도 미디안에서도 아무것도 할 수 없는 처지에 이룬 것 없이 살아온 것에 좌절감을 느꼈다.

모세의 질문에 하나님은 "내가 반드시 너와 함께 있으리라"(출 3:12)라고 대답하신다. 여기에 은혜가 있다.

하나님은 모세가 그 일을 할 수 있다고 보지 않으셨다.
그에게는 그런 일을 할 능력이 없었다. 그런데도
하나님은 그를 동역자로 부르시어 그 일을 하게 하신
것이다.

하나님은 "내가 누구이며 또 당신은
누구이기에?"라고 묻는 모세에게 "나는 스스로 있는
자"(출 3:14)라고 대답하신다. 이것은 그의 삶의 전환점이
되는 아주 중요한 말씀이다. "하나님이 모세에게
이르시되 나는 스스로 있는 자이니라 또 이르시되 너는
이스라엘 자손에게 이같이 이르기를 스스로 있는 자가
나를 너희에게 보내셨다 하라"(출 3:14).

"나는 스스로 있는 자이니라"의 히브리어 원문은
'에흐예 아쉐르 에흐예'(אֶהְיֶה אֲשֶׁר אֶהְיֶה)로 직역하면 "나는
나다"다. 영어 성경(NIV)은 이것을 "I am who I am"으로
번역했다.

모세를 평생 괴롭혀 온 "나는 이도 저도 아니다"(I am
not…)에 맞서 하나님이 "나는 나다!"라고 말씀하신다.
이것은 하나님의 절대적 주권과 신실하심을 나타내는
말씀이다. "모세, 네가 하는 것이 아니라 내가 한다"라는
말씀이다.

요한복음 1장에서 유대인들이 제사장과 레위인들을

보내 세례 요한에게 "네가 누구냐" 하고 물었다. 사람들에게 주목받을 좋은 기회였다. 그런데 그는 "나는 그리스도가 아니라"(**I am not** the Christ, NIV)라고 대답했다. 사람들이 또 "그러면 누구냐 네가 엘리야냐"라고 물으니 "나는 아니라"(I am not)라고 대답했다. 또다시 "네가 그 선지자냐"라고 묻자 거듭 "아니라"(No)라고 대답했다(요 1:19-21).

내가 아무것도 아니라는 사실에 실망하는가? 여기에 은혜가 있다. 나는 아무것도 아니다. 그러나 하나님이 하신다. 우리 하나님은 크시고, 능하시며 힘이 있으시니 우리가 못 할 일이 하나도 없다는 사실을 알아야 한다.

### 활주로 끝에 서게 하시는 이유가 있다

필리핀 단기 선교 여행에서 있었던 일을 하나 더 소개하겠다. 참가 학생 중에 종혁이가 있었다. 수업 시간에 태도도 좋고 성실한 학생이었는데, 어딘가 모르게 위축된 모습이 늘 안타까웠다. 초등학교 때 종혁이는 3년간 호주에서 생활하였다. 갑작스러운 유학 결정으로 종혁이는 언어를 준비하지 못한 채 부모님을 따라가야만 했고, 이로 인해 언어와 문화 장벽을 겪으며 위축된 생활을 해야 했다. 부모님은 공부하면서 아르바이트를 했지만, 학생 비자로 허용된 주 20시간 내에서는 생활비를 유지하기 어려웠다.

그러던 어느 날 종혁이네 가족은 허용된 시간을 초과해 일한 사실이 드러나 호주에서 추방당하게 되었다. 귀국 후의 삶도 쉽지 않았으며, 거듭된 실패 속에서 종혁이는 더욱 위축될 수밖에 없었다. 나는 그에게 도전과 자극을 주고자 현지인들을 상대로 영어 설교를 해 보라고 했다. 종혁이는 자기가 어떻게 설교하느냐며 손을 내저었다. 나는 5분에서 7분짜리 짧은 설교 한 편만 준비하면 되고, 그것으로 가는 곳마다 설교하면 된다고 강권하였다. 그런데 역시 영어로 대화하는 것과 설교하는 것은 전혀 다른 차원의 일이었다.

종혁이는 4월부터 빌리 그레이엄(Billy Graham) 목사님, 김장환 목사님 등의 설교를 들으면서 정말 열심히 설교를 준비했다. 8월이 되어 필리핀으로 출발했다. 그날, 뒷자리에서 중얼중얼하는 소리가 들리는데, 귀신 들린 사람이라도 있나 하고 돌아보니 종혁이었다. 다른 학생들은 출국에 들떠 있는데, 이

친구만 부담감에 설교문을 외우고 있었다.

첫날, 현지 교회 성도들 앞에서 설교하였는데, 열심히 준비한 것을 별 탈 없이 잘 전달하였다. 그날 저녁에 그에게 "너는 한국의 빌리 그레이엄이야"라고 말해 주었는데, 이 말이 격려가 된 것 같았다. 그다음 날은 자신감이 생겼는지 더 자연스럽게 설교하였다.

4일째 되는 날이었다. 그날 오후에 산 페르난도의 한 고등학교에서 학생과 교사 250명 앞에서 공연하고 마지막 시간에 설교하는 프로그램이 있었다. 종혁이는 그 어느 날보다도 뜨겁게 설교했다. 순간, '저 친구, 저러다가 '결신 초청' 같은 거라도 하면 어떡하지?'라는 생각이 들어 옆에 앉은 리더에게 "이거 불길한데"라고 말했다. 학생들이 초청에 응하지 않으면, 종혁이가 마음에 상처받을까 봐 염려되었다. 불길한 예감은 왜 틀리지 않는지…. 아니나 다를까. 종혁이는 "예수님 안에서 내 삶을 다시 살기로 결단하는 사람은 일어나세요"라고 말했다. 그런데 놀랍게도 그 자리에 있던 250명이 학생이나 교사나 할 것 없이 모두 일어났다. 경이로운 일이었다. 같이 참여했던 팀원들과 함께 그날 일어선 학생들을 위해 기도했다.

종혁이가 고백했다. "교수님, 처음엔 엄청

두려웠어요. 과연 내가 할 수 있을까 걱정했는데,
교수님의 말씀을 듣고 준비하면서 하나님의 은혜를
구했어요. 설교하는데, 하나님이 힘을 주시더라고요.
마음에 감동이 와서 하나님 앞에서 새롭게 살기를
원하는 사람은 일어나라고 했는데, 저도 깜짝 놀랐어요."

내가 아무것도 아니라는 사실 때문에(I am not…) 실망하고
있다면, "걱정하지 마! 내가 너와 함께할게. 내가 너를
다시 세울게"라고 말씀하시는 하나님을 바라보자.
하나님이 우리로 하여금 활주로 끝에 서게 하시는
것은 멈춤이 아니라 이제 비상할 때가 되었음을 알려
주시기 위함임을 알자. 좌절된 꿈과 상처 속에 살아가는
모세를 어루만져 주신 하나님이 우리에게 "너는 할 수
있어! 다시 일어설 수 있으니 네가 아무것도 아니라는
사실에 실망하지 마라. 내가 너를 다시 세우리라"라고
말씀하심을 잊지 말자. "I am not…"에 실망하지 말고,
"I am who I am!"이라고 말씀하시는 하나님을 믿고,
용기를 내어 앞으로 나아가자.

## 나의 결심 고백하기

하나님은 나의
반복되는 좌절을
해결해 주시는 분입니다.

하나님이 함께하시니
나는 못 할 일이
하나도 없습니다

\# 환경의 어려움이 있을 때
\# 누가복음 10:1-17

#  2

척박한 길을
믿음으로
나아가다

○
○
○

파나소닉(Panasonic)의 전신인 마쓰시타 전기공업사(Matsushita Electric Industrial Co.)의 창립자 마쓰시타 고노스케(松下幸之助)는 장로 교인으로서 기독교적 가치관으로 기업을 운영해 노사 협조, 종신 고용, 인재 중시, 투명 경영 등 일본형 경영 방식을 만들어 냈다. 일본 국민은 그를 국가적 영웅으로 추앙한다.

어느 날, 고노스케가 한 기자로부터 "당신이 이렇게 큰 회사를 만들고 성공적인 삶을 살았던 비결이 무엇인가요?"라는 질문을 받았다. 그는 다음과 같이 대답했다.

"나는 하나님이 주신 세 가지 은혜 덕분에 이렇게 성공할 수 있었습니다. 첫째는 가난한 가정에서 태어났다는 것입니다. 나는 어릴 적부터 일해야 했고, 이를 통해서 세상을 살아가는 법을 배울 수 있었습니다. 둘째로, 나는 어렸을 적부터 몸이 너무 약했는데, 이것을 극복하려고 운동을 열심히 한 덕분에 건강하게 살아올 수 있었습니다. 마지막으로, 나는 초등학교도 다니지 못했는데, 이것을 감사하게 생각합니다. 그 덕분에 세상 모든 사람을 스승으로 삼아 열심히 배우는 삶의 태도를 익힐 수 있었고, 이것은 내가 배우는 일을 게을리하지 않는 계기가 되었습니다."


## 벽이 없는 인생은 없다

길이 사람을 만드는 것이 아니라 사람이 길을 만든다. '문은 벽에다 내는 것'이라는 말이 있다. 대학에서 학생들을 가르치다 보니, 입학할 때는 꿈도 크고 패기가 넘치다가 졸업할 때가 되면 현실의 장벽을 느끼며 꿈도 작아지고 기가 죽는 것을 종종 보게 된다. 어느 날 한 학생이 내게 찾아와 이렇게 말했다. "교수님, 내 앞이 꽉 막혀 있어요. 사방이 벽이에요." 나는 그 학생에게 대답했다. "벽이 없으면 문도 없는 거야. 문은 벽에다 내는 거야." 벽이 있으면 그 벽에 문을 만들고 나가면 된다.

다윗은 고백했다. "내가 주를 의뢰하고 적군을 향해 달리며 내 하나님을 의지하고 담을 뛰어넘나이다"(시 18:29).

누구에게나 벽은 있다. 벽이 없는 인생은 없다. 중요한 것은 인생의 벽 앞에서 주저앉지 않고 달려가는 것이다. 중요한 것은 환경이 아니라 그것을 대하는 사람의 마음 가지다. 삶은 자기를 어떻게 바라보는가에 따라 달라진다.

누가복음 10장 1-17절은 예수님이 인생의 한계 앞에 선 제자들에게 환경에 압도당하지 않고, 믿음으로 그것을 극복하게 하시는 내용이 기록되어 있다. 이 이야기는 예수님이 70명의 제자를 이스라엘 전역에 하나님 나라의 복음을 전하기 위해 보내시는 것으로부터 시작된다.

"그 후에 주께서 따로 칠십 인을 세우사 친히 가시려는 각 동네와 각 지역으로 둘씩 앞서 보내시며 이르시되 추수할 것은 많되 일꾼이 적으니 그러므로 추수하는 주인에게 청하여 추수할 일꾼들을 보내 주소서 하라"(눅 10:1-2).

많은 설교자가 교회의 선교적 사명을 이야기할 때 이 본문을 인용한다. "추수할 것이 많다. 그런데 일꾼이 적다. 빨리 가서 복음을 전하자." 그런데 본문에 기록된 내용을 주의 깊게 살펴보면 이 말씀이 교회의 선교적 사명의 긴급성을 이야기하지만, 동시에 제자들을 성장케 하시려는 주님의 의도가 있음을 발견하게 된다. 그 의도는 제자들로 하여금 두려움을 극복하고 순종함을 통해 더 커다란 영적인 세계를 경험하게 하기 위함이었다.

　제자들이 전역에 흩어져 복음을 전하겠다고 자원한 게 아니라 예수님이 제자들을 파송하신 것이다. 그들은 아무 생각 없이 왔다가 예수님으로부터 제자들을 이스라엘 전역으로 파송하시겠다는 말씀을 들었다.

　"추수할 것은 많되 일꾼이 적으니"라고 하신 것으로 보아 예수님은 파송할 제자의 수가 부족한 것을 이미 알고 계셨을 것이다. 만약 그렇다면, 미리 더 많은 제자를 준비시키시는 것이 논리적으로 맞다. 그런데 파송하는 시점에 와서 왜 이런 말씀을 하셨을까? 어쩌면 제자들의 처지에서 예수님의 말씀은 황당할 수 있다.

　어떤 지휘관이 전쟁을 막 시작하려는 시점에 부하들을 모아 놓고 "큰일 났다. 지금 우리가 포탄이 없다. 전략 장비도 부족하다. 빨리 후방에 연락해서 탄약과 장비를 보내 달라고 해라"라고 명령한다면, 그는 유능한 지휘관일까? 아니면 무능한 지휘관일까? 전쟁이 날 줄 알았다면, 지휘관은 당연히 대비해야 했다. 그게 상식이다.

마찬가지로 만약 70명으로 부족할 것 같으면, 더 많은 제자를 불러 보내면 될 문제였다. 그런데 예수님은 그렇게 하지 않으시고, "일꾼이 적구나. 어떡하지? 얘들아, 빨리 하나님께 기도해서 일꾼들을 보내 달라고 해라"라고 하신 것이다.

지금까지의 성경 해석은 이 구절을 예수님의 문제의식으로 보았다. 그러나 이 말씀은 예수님의 관점이 아니라 제자들의 관점을 예수님이 대신 말씀하신 것으로 보아야 한다. 즉 그들이 보기에 자신들은 예수님의 명령을 감당하기에는 턱없이 부족해 보였던 것이다. "이거 안 될 것 같은데…. 사람이 더 필요할 것 같은데, 어쩌지?" 아마 이것이 제자들의 심정이었을 것이다. 제자들은 예수님이 가라고 하시니까 어쩔 수 없이 가지만, 그들이 감당해야 할 일이 너무 커 보였을 것이고, 상대적으로 자기들은 아주 작고 초라하게 느껴졌을 것이다. 이것을 아신 예수님은 "얘들아, 걱정되느냐? 부담스럽구나?"라는 의미로 말씀하신 것이다.

이것은 이어지는 3절에서 더 분명하게 드러난다. "갈지어다 내가 너희를 보냄이 어린 양을 이리 가운데로 보냄과 같도다"(눅 10:3). 양이 이리 가운데로 가면 어떻게 될까? 이리에게 먹힐 것이다. 그렇다면 그것을 아시는 주님이 제자들을 왜 이리 가운데로 보내실까? 이리에게 먹히라고 제자들을 보내시는 걸까? 예수님이 선하신 목자라면 그렇게 하실까?

축구 경기를 앞둔 감독이 선수들을 모아 놓고, "너희들 큰일이 났다. 상대는 강팀이라 우리가 7:0으로 질 것 같은데, 어쩌지? 시합 후에 사람들이 항의할 텐데…. 걱정된다"라고 말할까? 아니면 설사 패배가 예상되더라도 "우리는 할 수 있어! 파이팅! 한번 해 보자!"라고 격려할까? 아마 후자일 것이다.

그런데 예수님은 제자들을 파송하시면서 내가 너희를 보냄이 어린 양을 이리 가운데로 보냄과 같다고 하셨다. 요즘 말로 "너희를 사지(死地)로 보내노라"라는 뜻이다.

## 어린 양을 이리 가운데로 보내시는 이유

아들 세훈이가 어렸을 때, 보조 바퀴가 달린 네발자전거에서 벗어나 두발자전거를 타는 것을 도와준 적이 있다. 처음 타 보는 두발자전거 위에서 중심 잡기가 쉽지 않았다. 그때 나는 자전거 뒤를 두 손으로 붙잡고 "걱정하지 마! 아버지가 꽉 잡고 있으니"라고 말하면서 아들이 새로운 도전에 나서기를 격려하였다. 아들은 아버지를 믿고 페달을 신나게 밟았다. 아버지가 뒤에서 잡아 주니 흔들림이 없었다. 그러다 자전거를 잡은 손을 슬쩍 놓아 버렸다. 그렇게 해서 세훈이는 두발자전거라는 새로운 한계를 극복하였다.

아버지가 손을 놓는 이유가 무엇일까? 만약 내 손을 놓으면 아이가 넘어져서 머리가 깨지고 코가 까진다고 하면 손을 놓을 아버지가 있을까? 아버지가 손을 놓는 것은 아이가 넘어지지 않을 것이라는 믿음이 있기 때문이다. 예수님이 양을 이리 가운데로 보내시는 이유가 이것이다. 간단히 말해서, 양이 이리에게 먹히지 않을 것을 알고 계시기 때문이다. 아니, 양이 이리에게 먹히는 것이 아니라 오히려 이리를 이길 수 있음을 아시기 때문이다. 그래서 양을 이리 가운데 보내신 것이다.

아마도 제자들은 '이리들이 가득한 곳으로 가는 양'의 심정이었을 것이다. 즉 "어린 양을 이리 가운데로 보냄과 같도다"라는 말씀은 예수님이 제자들의 심정을 대변하신 것으로 봐야 한다. 양이 이리를 이길까? 못 이길까? 당연히 못 이긴다. 이것이 우리의 염려다. 현실의 장벽 앞에서 우리는 늘 자신이 작게 느껴진다. 주님이 불러서 여기까지 오기는 왔는데, 그 심정이 이리에게 가는 양들, 마치 도살장으로 끌려가는 송아지와 같다. 이리를 이길 수 없는 양이 우리의 현실이다.

그러나 여기에 숨겨진 뜻이 있다. 예수님은 그들에게 "내가 너희와 함께하겠다. 걱정하지 마라. 염려하지 마라. 두려워하지 말고 세상으로 들어가라"라고 말씀하셨다는 것이다. 이 세상에 이리 떼가 우글거리는 것을 알면서도, 하나님을 믿고 그 세상으로 들어가라고 말씀하신다. 그리고 그 속에서 이리 떼와 맞서 싸워 세상을 바꾸라는 것이 주님의 뜻이다. 세상을 변화시키려면, 이리 가운데에 들어가야 한다.

"전대나 배낭이나 신발을 가지지 말며 길에서 아무에게도 문안하지 말며"(눅 10:4). 이것을 그들이 알게 하도록 추가로 전대나 배낭이나 신발을 가지고 가지 말라고 하신다.

앞에서 말했듯이 내 MBTI 유형은 ISTJ다. 기본적으로 돌발 상황을 싫어하고, 모든 것이 예측 가능해야 안심이 된다. 그래서 여행 갈 때 짐이 많다. 장시간 비행기를 타면 발이 피곤하니 슬리퍼 한 켤레, 걷기에 편한 운동화 그리고 구두 한 켤레를 가지고 간다. 옷도 마찬가지다. 일상복 외에도 캐주얼 정장이나 재킷을 꼭 챙겨 간다. 여행지에서 카페나 식당에 갈 때, 그 공간에 어울리는 옷차림은 기본적인 예의라고 생각하기 때문이다. 그러다 보니 나는 여행할 때 짐이 많은 편이다. 보통은 아내가 남편보다 짐이 많은데, 나의 경우는 아내보다 더 많다.

그래서 전대나 배낭이나 신발을 가지지 말라는 말이 얼마나 부담스러운지 잘 안다. 하루 이틀도 아니고 이스라엘 전역을 걸어 다니면서 복음을 전하려면, 최소한 10일은 걸릴 텐데, 여벌의 신발이나 옷 그리고 지갑도 가지고 가지 말라니…. 나 같은 성향의 사람에게는 말도 안 되는 일이다. 제자들에게도 황당하게 들렸을 것이다.

그러나 주님은 그런 것 필요 없다고 그냥 가라고 하신다. 전쟁하는 사람들이 돈도 없고 먹을 게 없으면 되겠는가? 우리는 주님의 일을 하려면, "이것도 필요하고, 저것도 필요한 데…"라고 말한다, 그런데 주님은 우리에게 그것들이 없다고 말씀하신다. 왜? 여기에 비밀이 있다. 그들이 이리를 이기는 양임을 스스로 알게 하시기 위함이다. 그들이 감당할 수 있음을 스스로 깨닫게 하시기 위함이다.

제자들은 손이 부족하고, 자원이 부족하다며 이리 떼 속으로 들어가는 양과 같은 심정으로 염려했다. 그들은 주님이 말씀하실 때 자기가 가진 것을 보았다. 자기가 가진 자원이 없고, 재능이 부족하니 안될 것으로 생각하였다.

2000년대 초반이었던 것 같다. 영국 유학 중 토요타 자동차(Toyota)의 야리스(Yaris)라는 자동차 광고를 본 적이 있다. 작은 경차 안에 코끼리가 들어가는 장면을 보여 주면서 '스몰 빅'(small big)이라는 문구가 뜬다. 즉 작지만 큰 차라는 것이다.

주님은 우리에게 그 작은 차에 코끼리를 태울 수 있다고, 작지만 큰 자라고, 스몰 빅이라고 말씀하신다. 양이 이리를 무서워하는 이유는 이리가 자신보다 힘이 세다고 생각하기 때문이다. 그런데 주님은 이리보다 하나님이 더 힘이 세다는 것을 가르쳐 주기 위하여 양을 이리 가운데로 보내신다.

## 용기는 두려움 없이 존재하지 않는다

이 이야기는 다음과 같이 끝난다. "칠십 인이 기뻐하며 돌아와 이르되 주여 주의 이름이면 귀신들도 우리에게 항복하더이다"(눅 10:17).

여행을 마치고 돌아온 제자들이 기뻐하였다는 것, 예상치 않은 일이 일어났기에 기뻐한 것이다. 예상했다면 덤덤한 반응을 보였을 것이다. 가기 전에 그들은 두려웠다. 그들이 그 일을 이룰 수 있다고 생각지도 못했다. 그런데 정말 예수님 말씀처럼 양이 이리를 이기는 것을 경험한 것이다. 그래서 제자들이 기뻐한 것이다.

여기서 우리가 놓치지 말아야 할 중요한 사항이 있다. 그것은, 제자들이 돌아와 "주의 이름이면"이라고 말한 것이다. 제자들은 "우리가 그 일을 마쳤다"가 아니라 "주의 이름이면 귀신들도 우리에게 항복하더이다"라고 말하였다. "주의 이름이면!" 여기에 비밀이 있다.

이들이 자신에게 맡겨진 일들을 완수할 수 있었던 것은 주님의 이름 덕분이다. 우리가 하는 것이 아니다. 우리가 능력이 있어서 하는 것이 아니다. 여기서 우리는 예수님이 제자들을 보내면서 "추수할 것은 많되 일꾼이 적으니 … 내가 너희를 보냄이 어린 양을 이리 가운데로 보냄과 같도다"(눅 10:2-3)라고 말씀하신 이유를 발견하게 된다. 그것은 그들 자신이 이리 떼를 이기는 양임을 스스로 깨닫게 하기 위함이다. 주님은 말씀하신다. "숫자가 적다고? 걱정하지 마라. 숫자는 문제가 되지 않는다. 준비가 아직 안 되었다고? 그것도 걱정하지 마라."

다윗과 골리앗의 전투를 보라. 다윗이 골리앗을 향하여 이렇게 선포한다. "또 여호와의 구원하심이 칼과 창에 있지 아니함을 이 무리에게 알게 하리라 전쟁은 여호와께 속한 것인즉 그가 너희를 우리 손에 넘기시리라"(삼상 17:47).

객관적인 전력으로 보자면, 다윗은 골리앗을 이길 수 없다. 누군가에게 골리앗을 향해 나아가는 다윗은 이리 떼를 향해 나아가는 어린 양처럼 보일 수도 있다. 당시 이스라엘 군사들의 눈에 자신들의 처지가 이리에게 나아가는 양처럼 느꼈다. 그들은 눈에 보이는 현실 때문에 골리앗에게 대적할 생각조차 하지 못했다.
그런데 다윗은 말한다. "전쟁은 하나님께 속한 것이다.
구원하심이 칼과 창에 있지 않다."

우리의 현실은 이리 떼 앞에 선 양과 같을 수 있지만,
두려워 말라는 예수님의 말씀을 믿고 앞으로 나가면,
기적이 일어난다. 그러므로 두려움을 넘어 순종으로
나가야 한다.
"두려워하지 말라 내가 너와 함께함이라 놀라지 말라
나는 네 하나님이 됨이라 내가 너를 굳세게 하리라
참으로 너를 도와주리라 참으로 나의 의로운 오른손으로
너를 붙들리라"(사 41:10).
"너희는 두려워하지 말고 가만히 서서 여호와께서 오늘
너희를 위하여 행하시는 구원을 보라 너희가 오늘 본
애굽 사람을 영원히 다시 보지 아니하리라"(출 14:13).

인생은 내가 하는 싸움이 아니다. 하나님이 하시는
것이다. 우리의 두려움을 회복의 기쁨으로 바꾸시는
하나님의 반전 역사를 믿음으로 기대하자. 용기는
두려움에서 생긴다. 용기가 필요한 시점은 두려움이
가득할 때다. 용기는 위대하지만 두려움 없이 존재하지
않는다. 두려움을 넘어 순종으로 나아가야 한다.

우리는 늘 어딘가를 향해 가는 내가 중요하다고 생각한다. 하지만 가는 나보다 보내시는 하나님이 중요하다. 자기가 아무것도 할 수 없다고 말하는 모세에게 하나님은 내가 너를 보낸다고 말씀하셨다. 두려움에 떨던 여호수아에게 "강하고 담대하라 두려워하지 말며 놀라지 말라 네가 어디로 가든지 네 하나님 여호와가 너와 함께 하느니라"(수 1:9)라고 말씀하셨다. 우리가 두려움을 극복할 수 있는 비결은 우리와 함께하시는 하나님이다.

〈굿 다이노〉(The Good Dinosaur)라는 애니메이션이 있다. 초식 공룡인 아파토사우루스(Apatosaurus) 알로가 스팟 그리고 다른 공룡들을 만나며 두려움을 극복해 나가는 것을 그린 모험 이야기다. 아파토사우루스 헨리와 아이다에게는 세 자녀가 있었다. 리비와 버크 그리고 가장 작고 연약한 몸으로 태어난 겁쟁이 알로다. 겁이 많은 알로에게 닭장에 모이를 주러 가는 일은 두려운 일이었다. 모이를 주다가 닭에게 쫓겨나는 겁많은 알로. 공룡의 체면이 말이 아니다. 아버지는 그런 알로를 데리고 숲으로 간다. 안개가 자욱하게 깔린 어두운 숲속에서 아버지 헨리가 꼬리를 한 바퀴 휘저으니 반딧불이가 환하게 모습을 드러낸다. 그리고 알로에게 이렇게 말한다. "때로 두려움을 극복해야 그 건너편에 있는 아름다움을 볼 수 있단다."

두려움은 성장하기 위해서 우리가 꼭 거쳐 가야 할 과정이다. 두려움을 기회로 만들어야 한다. 할 것인가, 하지 말 것인가? 인생은 어떤 위험 요소를 만날 것인가로 결정되지 않는다. 어떤 가능성을 선택하는가로 결정된다.

이 영화에서 인상 깊게 다가왔던 대사가 있다. 티라노사우로스 부치가 알로에게 말한다. "두려움을 없앨 수는 없어. 그것은 본능이야. 두려움을 받아들이고 견뎌 낼 수 있다면, 네가 원하는 것을 찾을 수 있을 거야."

개인 심리학의 창시자 알프레드 아들러(Alfred Adler)는 행복은 환경과 재능의 문제가 아니라 용기의 문제라고 말했다. 아들러가 말하는 용기가 믿음이다. 행복은 믿음의 문제다. 삶은 믿음의 양에 따라 줄어들거나 늘어난다.

본문의 이야기는 바로 그 두려움을 기회로 만들어 가시는 주님에 관한 이야기다. 겁이 많은 알로가 두려움을 직면하고 한 걸음씩 성장해 간 것처럼, 주님은

두려움 많은 제자를 격려하시면서 앞으로 나가게
하신다.

몇 해 전 예능 프로그램에서 〈꽃보다 할배〉라는 여행
프로그램을 방영한 적이 있다. 이 프로그램에서 이순재
배우는 무조건 앞으로 나아가는 적극적인 모습을 보여
'직진 순재'라는 별명을 얻었다. 어느 날 기자가 이순재
배우에게 이렇게 물었다. "선생님, 삶을 무엇이라고
정의하시겠습니까?" 이순재 배우는 "삶이 무어냐고
묻는다면 거침없이 직진이라고 대답할 것"이라고 했다.
삶은 거침없는 직진이다. 믿음도 거침없는 직진이다.
거침없이 직진하는 제자가 되자.

## 주의 이름이면 충분하다

우리가 보냄을 받아 가는 사명의 길은 결코 가볍거나
쉬운 길이 아니다. 그것은 마치 양이 이리 가운데로
가는 것 같은 두려운 일이다. 게다가 나에게는 그
사명을 감당할 인적 자원도 물적 자원도 충분하지 않다.
아니 아예 없을 수 있다. 문제는 이것이다. 이리가
두려워 멈추어 설 것인가 아니면 하나님의 말씀을 믿고

순종하며 두려움을 극복하고 앞으로 나갈 것인가?

이스라엘 광야 여정을 보라. 시내산에서 가데스바네아까지 열 하룻길이었다. 그런데 가데스바네아에서 그들은 눈에 보이는 가나안 원주민을 두려워하여 순종하지 못했고 40년을 광야에서 보내야 했다. 순종하면 열하루 길이고 불순종하면 40년이다. 왜 순종하지 못할까? 두려워서 그렇다. 안 될 것 같아 그렇다. 두려움을 넘어 순종으로 나가야 한다.
"믿음은 바라는 것들의 실상이요 보이지 않는 것들의 증거니"(히 11:1).

믿음은 눈에 보이지 않는 것을 보인다고 선언하는 것이다. 아직 이루어지지 않은 것이 이루어졌다고 선언하는 것이다. 믿음은 우리의 시선을 문제가 아닌 하나님의 약속을 향하게 한다.
"아브라함이 바랄 수 없는 중에 바라고 믿었으니 이는 네 후손이 이 같으리라 하신 말씀대로 많은 민족의 조상이 되게 하려 하심이라 그가 백 세나 되어 자기 몸이 죽은 것 같고 사라의 태가 죽은 것 같음을 알고도 믿음이 약하여지지 아니하고 믿음이 없어 하나님의 약속을 의심하지 않고 믿음으로 견고하여져서 하나님께 영광을 돌리며 약속하신 그것을 또한 능히 이루실 줄을 확신하였으니 그러므로 그것이 그에게 의로 여겨졌느니라"(롬 4:18-22).

'바랄 수 없는 중에 바랐다'라는 말의 의미는 '희망을 거스르는 희망'(in hope against hope)이다. 아브라함이 가졌던 소망은 인간적인 소망이 아니었다. 인간적으로 도무지 희망할 수 없는 상황 속에서 인간의 모든 희망을 거스르고 솟아오르는 하나님의 희망이었다. 비록 우리의 상황이 이리에게 끌려가는 양과 같을지라도 죽은 자를 다시 살리시는 하나님을 믿고 앞으로 나가야 한다. 우리는 눈에 보이는 것에 의해 살아가는 사람이 아니다. 믿음으로 살아가는 사람들이다. 현실이 아니라 약속을 붙들고 살아가는 사람들이다.

믿음이 이기네
믿음이 이기네
주 예수를 믿음이 온 세상 이기네

- 새찬송가 357장 〈주 믿는 사람 일어나〉 중에서

이 찬송 가사처럼, 믿음이 이긴다. 주 예수를 믿음이 온 세상 이긴다. 비록 우리가 이리가 가득한 세상으로

가는 양 같을지라도, 믿음을 가지고 나가면 온 세상
이길 수 있다. 믿음은 고백이 아니라 살아가는 것이다.
살아내는 것이다.

"믿는 자에게는 능히 하지 못할 일이 없느니라"(막
9:23)라는 말씀의 의미는 믿으면 모든 문제가 해결된다는
뜻이 아니다. 오히려 그것은 어려운 가운데 있을 때,
고난 중에 있을 때, 인생의 한계 앞에 섰을 때 주님을
신뢰하는 것이다.

다윗은 고백한다. "내가 사망의 음침한 골짜기로
다닐지라도 해를 두려워하지 않을 것은 주께서
나와 함께 하심이라 주의 지팡이와 막대기가 나를
안위하시나이다"(시 23:4).

이렇게 고백하고 앞으로 나가는 것이 믿음으로 사는
것이다. 믿음으로 살아야 한다. 두려움을 넘어 순종으로
나아가자. 믿음으로 나아가자. 신발이 없어도 상관없다.
전대가 없어도 된다. 주의 이름이면 충분하다.

나는 예수님이 바보 같으셔서 참 좋다. 계산에 빠르지
않아서 참 좋다. 나를 부르는 것보다 다른 사람을 부르는
게 더 효과적일 텐데도 손해 보면서 나를 선택하시는
주님이 참 좋다. 재주 많은 사람도, 똑똑한 사람도 아닌,

문제도 많고, 약점도 많은 나를 부르시는 주님이 참
좋다. 일꾼을 부르시면서 준비가 안 되어 있어도, 그냥
써 달라고 하면 써 주시는 그런 주님이 참 좋다.

주님이 제자들을 파송하시면서 하셨던 말씀을 오늘
우리에게 하시는 말씀으로 받아들이자. 그리고 주님의
이름이면 귀신도 벌벌 떤다는 것, 이 기적과 같은
이야기를 이 시대 가운데 보여 주자.

주님이 말씀하신다. "두려워 말라. 놀라지 말라. 나는
네 하나님이다. 세상이 이리 같고 너는 양 같을지라도,
이리가 가득한 세상에 들어간다고 할지라도 두려워
말라. 내가 너와 함께할 것이다. 전쟁은 하나님께
속한 것이다. 너희는 두려워하지 말고 가만히 서서
여호와께서 오늘 너희를 위하여 행하시는 구원을 보라!"

그러니 하나님의 말씀을 믿고 순종하자. 주님이 나를
통해 만들어 내는 기적의 이야기를 믿음으로 기대하자.
"주의 이름이면" 없는 길도 생긴다. 주의 이름이면
귀신들로 우리에게 항복한다. 두려움을 넘어 순종으로
나아가자. 주를 의지하며 담장을 뛰어넘고 적군을 향해
달려가 보자. 물 가운데 지날지라도, 불 가운데 지날
때도 우리와 함께하시는 주님의 말씀을 믿고 이리가
가득한 세상에 들어가 주님과 함께 싸워 승리를 만들어

내자. 전대가 없어도, 여벌의 옷이 없어도, 가방이 없어도 상관없다. 일손이 부족해도 상관없다. 우리가 하는 것이 아니다. 두려움을 넘어 순종으로 나아가 주님께서 만드시는 기적 이야기를 이 시대에 보여 주자.

🕯 **나의 결심 고백하기**

하나님은
"내가 책임질 테니
두려워하지 말라"라고
하십니다

환경의 어려움을 딛고
하나님을 믿고
나아가겠습니다

# 두려워 옴짝달싹 못 할 때
# 여호수아 1:1-9

# 3

두렵지만
한 걸음을
내딛다

○
○
○

신달자 작가의 《물 위를 걷는 여자》라는 소설이 있다. 출간 소식을 들었을 때, 제목이 너무 흥미로웠다. 사람이 물 위를 걸으면 어떻게 될까? 당연히 물에 빠진다. 그런데 왜 그 사람은 물 위를 걸어갈까? 물에 발을 내디디면 빠진다는 사실을 몰라서 그랬을까? 알고 있었을 것이다. 그럼에도 불구하고 물 위를 걸어가는 이유는, 걸어가야만 하기 때문이다. 그렇기에 빠질 것을 알고도 걸어가는 것이다.

참된 용기는 두려움의 부재가 아니다. 하나님이 요구하시는 용기는 문제를 향해 돌진하는 그런 용기가 아니다. 하나님이 요구하시는 용기는 말씀에 순종할 용기다.

여호수아서는 우리에게 두려움을 딛고 일어서는

그리스도인의 용기와 믿음의 힘에 관해서 이야기한다.

## 가나안, 여정의 끝이 아닌 새로운 시작

구약 성경은 오경, 역사서, 시가서 그리고 선지서로 구분된다. 오경은 이스라엘 민족의 시작과 언약의 시작을 다루고 있다. 역사서는 이스라엘 백성들의 과거 역사를 다루고 있다. 시가서와 선지서는 '지금 여기'(here and now)에서 하나님의 백성이 세상을 살아가는 지혜와 미래에 대한 기대와 소망을 이야기한다. 구약 성경이 과거-현재-미래라는 구조로 되어 있다는 사실은 성경 해석에 있어 매우 중요한 통찰을 제공한다.

여호수아서는 신명기와 사사기 사이에 위치한다. 여호수아는 신명기의 적용이다. 신명기는 앞으로 그들이 가나안에서 어떤 사람을 살아야 할 것인가를 다루고 있고, 여호수아는 그 땅에서 이스라엘 백성들이 어떤 삶을 살았는지를 보여 준다. 여호수아서는 출애굽의 결과를 보여 준다. 하나님이 이스라엘을 이집트에서 끌어내신 것은 단지 시작에 불과하다. 출애굽 여정은 가나안에 들어가는 것으로 마무리된다.

하지만 가나안은 여정의 끝이 아니라 새로운
시작이었다.

여호수아서는 이어지는 구약 성경 전체의 서론이자
말라기까지 이어지는 이스라엘 역사의 결론 역할을
한다. "우리는 누구인가?" 그리고 "우리는 어떤 삶을
살아야 하는가?"라는 질문을 던진다.

여호수아라는 이름은 '하나님은 나의
구원이시다'라는 뜻이다. 그는 이름에 걸맞게 일생을
통해 '하나님은 나의 구원이 되심'을 선포하며 살았다.
여호수아서는 하나님이 이스라엘 백성을 구원하신 일에
관한 기록이다.

여호수아서를 보면 수많은 전쟁 이야기가 기록되어
있다. 40년이라는 긴 방황 끝에 가나안에 도착한
이스라엘은 가나안에서 7년에 걸친 기나긴 전투를
벌인다. 그리고 이 긴 전투에서 이스라엘은 단지 아이성
전투에서 한 번만 패했을 뿐 언제나 승리하였다.
이스라엘의 역사 속에서 가나안 입성 전쟁과 같은
승리에 대한 기록을 찾는다는 것은 거의 불가능할
정도로 승리로 가득한 전쟁이었다.

그러나 여호수아서가 보여 주는 핵심은 전쟁의
방법론에 관한 것이 아니다. 승리에 관해 이야기하고

있지만, 그 핵심은 하나님의 백성으로서의 정체성이다.

여호수아서 1장 1절부터 9절은 서론 역할을 하는 동시에 앞으로 이야기가 어떻게 전개될 것인가를 보여 준다. 하나님이 어떻게 여호수아의 구원이 되셨는가? 그것은 하나님의 말씀에 대한 순종이었다.

여호수아 1장과 시편 1편은 밀접한 관련이 있다. "오직 강하고 극히 담대하여 나의 종 모세가 네게 명령한 그 율법을 다 지켜 행하고 우로나 좌로나 치우치지 말라 그리하면 어디로 가든지 형통하리니 이 율법책을 네 입에서 떠나지 말게 하며 주야로 그것을 묵상하여 그 안에 기록된 대로 다 지켜 행하라 그리하면 네 길이 평탄하게 될 것이며 네가 형통하리라"(수 1:7-8). "복 있는 사람은 악인들의 꾀를 따르지 아니하며 죄인들의 길에 서지 아니하며 오만한 자들의 자리에 앉지 아니하고 오직 여호와의 율법을 즐거워하여 그의 율법을 주야로 묵상하는도다 그는 시냇가에 심은 나무가 철을 따라 열매를 맺으며 그 잎사귀가 마르지 아니함 같으니 그가 하는 모든 일이 다 형통하리로다"(시 1:1-3).

앞서 구약에서 역사서는 과거에 그들이 어떻게 살았는지를 고찰하는 것이라면, 시가서와 선지서는

현재 그들이 어떤 삶을 살아야 하는지를 이야기한다고
했다. 이스라엘의 과거 정체성과 현재 지금 여기에서의
삶을 다루는 역사서와 시가서의 첫 메시지가 모두
율법에 대한 순종, 곧 주야로 주의 율법을 묵상하는 것이
얼마나 중요한지 강조한다는 사실은 우리가 주목해야 할
부분이다.

가나안은 이스라엘이 꿈꾸던 약속의 땅이었다.
이스라엘 사람들은 젖과 꿀이 흐르는 가나안 땅을
기대하며 살았다. 하지만 가나안 땅이 젖과 꿀이 흐르는
약속의 땅인 것은 비옥해서가 아니라 하나님의 백성이
그곳에 거주하기 때문이었다. 가나안 땅에 살았기에
그들이 풍요를 경험한 것이 아니라, 그들이 그곳에서
거주하였기에 그 땅이 젖과 꿀이 흐르는 땅이 된 것이다.

우리는 땅에 관심이 있지만, 하나님은 사람에게
관심이 있으시다. 이스라엘 백성이 언약에 신실한 삶을
살았기에 비를 흡수하는 산과 골짜기의 땅이 비옥한
땅이 될 수 있었다. 이스라엘은 기적을 원했지만,
하나님은 이스라엘이 기적임을 알기를 원하셨다.
그리고 그 기적은 그들이 언약에 신실했을 때 체험할 수
있는 것이었다.

그래서 가나안을 목전에 두고 하나님이 요구하신

것은 하나님 말씀을 묵상하고 그 말씀대로 살아가는 것이었다.


### 언약, 특이한 삶의 양식

가나안은 이스라엘 백성들에게 새로운 삶의 양식을 요구했다. 그 양식이란 바로 거룩함이었다. 거룩은 '어떤 특정한 목적을 위해서 분리'를 의미하는 히브리어 카도쉬(קדוש)를 번역한 것이다. 거룩의 기본적인 의미는 분리다. 레위기 10장 10절은 거룩을 설명하면서 '속된 것'(common)이라는 개념을 사용한다.
"너희가 거룩하고 속된 것을 분별하며 부정하고 정한 것을 분별하고"(레 10:10). so that you can distinguish between the holy and the common, between the unclean and the clean(Lev. 10:10, NIV).

거룩하지 않은 것이 'common'이라면 거룩은 'uncommon'이다. 영어로 표현하면 이 의미가 더욱 명확히 드러나는데, 사전적 정의에 따르면 'uncommon'은 '일반적이지 않은'(out of ordinary), '특이한'(unusual), '기이한'(weird)이다. 거룩이란 세상 사람들이 보기에 일반적이지 않고, 이상하고, 특이한 삶의 방식을 말한다.

이스라엘 백성은 가나안땅에 들어가기 위해서 또 가나안 땅에서 살기 위하여 세상 사람들이 보기에 기이하고 특이한 삶의 양식을 가져야 했다. 여기서 말하는 특이한 삶의 양식이란 언약을 말한다. 하나님은 이스라엘과 언약 관계를 맺으셨고, 당신의 백성들이 언약에 순종하며 살기를 원하셨다.

그들은 가나안에 들어가게 되면 과거 이집트에서 살던 때와 다른 삶의 방식으로 살아야 했다. 그 방식이란 앞에서 말한 바와 같이 언약이다. 언약이란 '말씀대로'다. 즉 이스라엘 백성들은 그들의 눈이 보이는 현실이 아니라 약속을 따라 살아야 했다. 이것이 이방인에게는 'out of ordinary', 'unusual' 그리고 'weird'하게 보인 것이다.

한국기독실업인회(CBMC)의 초창기 멤버 가운데 최태섭 회장이 있다. 나는 신일중·고등학교를 나왔는데, 이 학교는 최 회장과 함께 한국유리공업㈜을 설립한 이봉수 회장이 기독교 정신에 입각한 인물을 키우고자 세운 학교다. "믿음으로 일하는 자유인"이라는 교훈으로

1966년에 설립된 신일중·고등학교는 당시로는 전례를 찾을 수 없는 파격적인 시설을 갖추었다. 라디에이터, 수세식 화장실 그리고 본관 건물에 장애인용 경사로를 설치한 것이 대표적인 예다.

최태섭 회장은 남강 이승훈 선생이 설립한 평양의 '오산학교'에서 기독교 정신과 나라 사랑을 배우며 청소년 시절을 보냈다. 오산학교에서의 경험은 그의 삶을 지탱하는 기둥이 되었고, 이는 훗날 그가 성공적인 사업가로 자리를 잡는 데 큰 역할을 한다. 일제 강점기에 최태섭 회장이 중국 심양에서 사업을 할 때의 일화다. 당시 그는 일본의 미쓰이 물산(Mitsui & Co., LTD.)과 미쓰비시 상사(Mitsubishi Corporation)로부터 물건을 사들여 중국 상인에게 파는 중개 무역을 하였다. 그런데 한 번은 일본에서 수입한 콩의 가격이 급등하여 약속을 어기면 위약금을 물어주고도 20만 원 정도의 차액을 벌 수 있었다. 당시 쌀 한 가마가 5원이었다고 하니, 20만 원이면 엄청난 금액이었다.

하루는 최태섭 회장이 약속대로 물건을 넘겨줘야 할지 아니면 위약금을 물고 이익을 남겨야 할지 고민하고 있는데, 그의 마음 한구석에서 "기독교인으로서 한 약속은 반드시 지켜야 한다"라는 소리가 들렸다고 한다. 최 회장은 많은 돈을 벌 기회를 포기하고, 처음 계약한 그대로 물건을 넘겨주었다. 이 일로 "조선인 최태섭은 믿을 수 있는 사람"이라는 평판이 중국 상인들 사이에 퍼졌고, '중국 상공인회'에서 직접 거래하자는 요청을 받는다. 이후 최태섭 회장은 계약 파기하고 얻는 수익보다 훨씬 더 많은 이익을 얻게 된다.

6·25 전쟁 시기에도 그의 정직함은 빛을 발했다. 서울 수복 후 군부대에 단무지를 납품하던 최 회장은, 중공군의 개입으로 다시 서울이 점령당하자, 모두가 피난을 가던 혼란 속에도 자신이 은행에서 빌린 돈을 갚기 위해 은행을 찾아갔다. 대부분 사람이 전쟁통에 빚을 갚지 않아도 된다고 생각하던 시기였지만, 그는 다르게 행동했다. 은행에 도착하니 직원도 거의 남아 있지 않았고, 마지막으로 정리하던 직원 한 명만 있었다. 최 회장은 남아 있던 직원에게 피난 가기 전에 빌린 돈을 갚겠다고 말한다. 그러자 그 직원은 "사람들이 피난 가는 상황에서 빚을 갚겠다고 오신 분은 처음"이라며 장부도 제대로 없으니 나중에 갚으라고 권했다고 한다. 그러나 최 회장은 그럴 수 없다며 끝까지 돈을 갚고 영수증을 받아 갔다.

1·4 후퇴 때 제주도로 피난 간 최태섭 회장은 군에

생선을 납품하는 사업을 하게 되었다. 그러려면, 배와 인력이 많이 필요했다. 사업을 위해 필요한 돈은 2억 원이었다. 지금 돈으로 환산하면, 대략 200억이나 되는 큰돈이다. 담보도 없는 사람이 은행에서 이 정도 돈을 대출받는 것은 쉬운 일은 아니었다. 창구에서 거절당한 최 회장은 은행장을 찾아가 자신이 피난 시절 빚을 갚고 받은 영수증을 보여 주며 자신의 신용을 증명하고자 했다. 그때 은행장은 "피난 중에 빚을 갚은 사람이 있다는 말을 들었는데, 바로 당신이군요"라고 말하면서 흔쾌히 2억 원을 대출해 주었다고 한다.

후에 최 회장은 "내가 남이 보기에 조금이라도 선한 일을 한 것이 있어 보인다면, 그것은 나를 이끈 기독교 정신 때문입니다"라고 말했다. 세상 사람들이 보기에는 피난 길에 빚을 갚는 것이 '이상하고 특이한' 행동처럼 보일 수 있지만, 그는 하나님의 사람으로서 바르게 살아야 한다는 신념을 지켰다. 이것이 거룩이다.

여호수아서는 약속을 따라 살았던 한 사람 여호수아, 아니 한 민족의 여정을 우리에게 보여 준다. 상황이 뒷받침해 주지 않아도, 하나님의 말씀대로 살면, 승리할 수 있다.

## 인생의 싸움, 누가 주도하는가?

여호수아서는 모세의 죽음으로부터 시작한다. "여호와의 종 모세가 죽은 후에 여호와께서 모세의 수종자 눈의 아들 여호수아에게 말씀하여 이르시되"(수 1:1).

모세의 죽음은 당시 이스라엘 백성들에게 커다란 충격을 가져다주었다. 모세는 지난 40년간 이스라엘의 지도자로서, 하나님과 직접 대면하였으며 홍해를 갈랐고, 반석에서 물을 내고, 만나와 메추라기를 공급했던 위대한 능력의 소유자였다. 그런데 그 모세가 가나안을 목전에 두고 죽게 된 것이다.

그것은 단지 한 사람의 죽음이 아닌 민족의 꿈이 무너지는 것을 의미하였다. 모세는 광야 40년간 모진 고통 속에서도 이스라엘을 지탱케 할 수 있었던 버팀목과 같았다. 그런데 그 버팀목이 사라진 것이다. 앞으로 우리는 어떻게 될 것인가? 장래에 대한 불안이 가득하였다.

지도자로 선택되었던 여호수아도 마찬가지였다. '나는 모세와는 다른데 그와 같은 능력이 없는데, 모세는 홍해를 가르고 반석에서 물 나게 하고, 하늘에서 불을 내리게 하였지만, 나는 그런 능력이 없는데…. 심지어

모세도 40년간 광야에서 이스라엘 백성들을 인도하는 동안 수없이 시련을 겪어야 했는데, 나 같은 사람이 어떻게 저 훈련되지 않은 사람들을 이끌고 철옹성과 같은 여리고 성을 무너트릴 수 있을까?'

인생의 한계 앞에서 어찌할 바를 모르던 그에게 하나님이 찾아오셨다. 그리고 이렇게 말씀하셨다. "내 종 모세가 죽었으니 이제 너는 이 모든 백성과 더불어 일어나 이 요단을 건너 내가 그들 곧 이스라엘 자손에게 주는 그 땅으로 가라 내가 모세에게 말한 바와 같이 너희 발바닥으로 밟는 곳은 모두 내가 너희에게 주었노니 곧 광야와 이 레바논에서부터 큰 강 곧 유브라데강까지 헷 족속의 온 땅과 또 해 지는 쪽 대해까지 너희의 영토가 되리라"(수 1:2-4).

여기서 우리가 간과해서는 안 될 사실이 있다. 이스라엘이 점령해야 할 가나안 사람들이 40년 전과 비교해서 절대로 약해지지 않았다는 사실이다. 이스라엘 백성들이 40년 동안 준비해 왔다면, 여리고 성 사람들 역시 준비해 왔을 것이다. 여리고 성 사람들이라고 지난 40년간 광야에서 이스라엘이 어떤 삶을 살았는지, 또 어떻게 여리고 성까지 오게 되었는지를 몰랐을까? 알았을 것이다.

"이는 너희가 애굽에서 나올 때에 여호와께서 너희
앞에서 홍해 물을 마르게 하신 일과 너희가 요단 저쪽에
있는 아모리 사람의 두 왕 시혼과 옥에게 행한 일 곧
그들을 전멸시킨 일을 우리가 들었음이니라"(수 2:10).

이스라엘의 소식을 들었던 여리고 성 사람들은
이스라엘의 공격을 대비하였을 것이다.

여호수아는 40년 전 가데스바네아와 똑같은 상황에
직면하였다. 40년 전 이스라엘 백성들은 출애굽 한
지 11일 만에 가데스바네아에 도착했고, 그곳에서
모세가 12명의 정탐꾼을 보내 40일간 가나안의 상황을
정탐하게 했다.

하지만 정탐의 결과는 참담했다. 여호수아와 갈렙을
제외한 10명의 정탐꾼은 그곳을 정복하는 데 따르는
어려움을 강조하였다. 그들은 눈에 보이는 상황 때문에
하나님의 말씀을 따르지 않았고, 결국 광야에서 40년을
헤매야 했다.

40년이 지난 지금 여호수아는 다시 가나안을 목전에
두고 있었다. 아마도 여호수아는 40년 전과 동일한
실수를 반복하지 않겠다고 생각했을 것이다. 그런데
그에게는 변수가 있었다. 바로 모세다. 모세는 지난

40년간 이스라엘 백성들을 이끌던 위대한 지도자였다.
그는 하나님으로부터 음성을 듣고, 많은 기적과 능력을
행한 하나님의 사람이었다. 그런데 이제 모세가 없어진
것이다. 위대한 모세가 있었어도 현실의 어려움 때문에
포기했던 이스라엘 백성들이 모세가 사라진 상황에서,
영적 지도력이 아직 증명되지 못한 여호수아의 말을
들을 것이라는 보장이 없었으며, 무엇보다 그 자신도 이
일을 감당할 자신이 없었다.

고민에 빠져 있던 여호수아에게 하나님은
말씀하신다. "이제 너는 이 모든 백성과 더불어 일어나
이 요단을 건너 내가 그들 곧 이스라엘 자손에게 주는
그 땅으로 가라 내가 모세에게 말한 바와 같이 너희
발바닥으로 밟는 곳은 모두 내가 너희에게 주었노니 곧
광야와 이 레바논에서부터 큰 강 곧 유브라데 강까지 헷
족속의 온 땅과 또 해 지는 쪽 대해까지 너희의 영토가
되리라"(수 1:2-4).

"일어나 그 땅으로 가라"라는 말씀은 여호수아서
전체를 관통하는 중요한 키워드다. 이 말은 약속의
땅을 차지하는 주도권이 어디에 있는가를 보여 준다.
주도권은 여호수아나 이스라엘 백성이 아닌 하나님이
쥐고 계신다. 일어나 앞으로 나가기만 하면 주신다는

것이다.

인생은 내가 하는 싸움이 아니다. 하나님이 하시는 것이다.

## 선물, 순종으로 받는 것

하나님의 약속인 가나안 땅은 하나님의 은혜로운 선물로 주어졌다. 그러나 하나님의 선물은 동시에 과제가 수반된다. 그 과제란 순종이다.
"오직 강하고 극히 담대하여 나의 종 모세가 네게 명령한 그 율법을 다 지켜 행하고 우로나 좌로나 치우치지 말라 그리하면 어디로 가든지 형통하리니 이 율법책을 네 입에서 떠나지 말게 하며 주야로 그것을 묵상하여 그 안에 기록된 대로 다 지켜 행하라 그리하면 네 길이 평탄하게 될 것이며 네가 형통하리라"(수 1:7-8).

하나님은 요단을 눈앞에 둔 여호수아에게 전쟁을 준비하라고 하지 않으셨다. 하나님은 그들에게 필요한 것은 전쟁 준비가 아니라 여호와의 율법을 지켜 행하는 것, 주야로 하나님의 말씀을 묵상하는 것이라고 말씀하셨다.

여기서 주목해야 할 것은 여호와의 율법을 지켜 행하라는 말씀 앞에 "담대하여"라는 말을 덧붙였다는 것이다. 하나님의 말씀을 지키는데 '담대하라'라고 한 이유가 무엇인가? 하나님의 말씀을 따르는 데 용기가 필요하기 때문이다.

담대함, 용기라는 말을 들으면 문제를 향해서 거침없이 나가는 것이 머리에 떠오른다. 하지만 성경에서 말하는 용기는 두려움이 없는 상태가 아니라 두려움 가운데 하나님의 말씀을 붙들고 한 걸음 내딛는 선택을 말한다. 두려움 속에서 하나님의 약속을 의지하고 믿음으로 한 발을 내디딜 때 절망이 길이 되고 약함이 능력이 된다.

용기는 두려움에서 생긴다. 용기가 필요한 시점은 두려움이 가득할 때다. 용기는 위대하지만 두려움 없이 존재하지 않는다는 말이 있다. 두려움을 어떻게 없앨 수 있을까? 두려움은 없앨 수 없다. 하지만 두려워하면서도 앞으로 나갈 수 있다. 이것이 용기이고 믿음이다.

다윗이 적군을 향해 달리며 담장을 뛰어넘는 것은 그가 용맹해서가 아니라 하나님의 말씀을 순종하였기 때문이다. "내가 주를 의뢰하고 적군을 향해 달리며 내 하나님을 의지하고 담을 뛰어넘나이다"(시 18:29).

두려움을 회복의 기쁨으로 바꾸시는 하나님의 반전 역사를 믿음으로 기대하자. 우리가 나갈 수 있는 것은 하나님이 우리와 함께하시기 때문이다. "네 평생에 너를 능히 대적할 자가 없으리니 내가 모세와 함께 있었던 것 같이 너와 함께 있을 것임이니라 내가 너를 떠나지 아니하며 버리지 아니하리니"(수 1:5).

하나님은 여호수아에게 모세와 함께하셨던 것처럼 그와 함께하시겠다고 말씀하신다. 모세가 위대한 하나님의 사람이 된 것은 그에게 능력이 있어서가 아니라 하나님이 그와 함께하셨기 때문이다. 모세도 처음에는 못한다, 할 수 없다고 말했다. 그러나 내가 너와 하신다는 그 말씀을 믿음으로 받아들이고 나갔을 때 위대한 지도자가 될 수 있었다.

지금 내 모습과 처지가 중요한 것이 아니다. 중요한 것은 나를 다루시는 하나님의 손길이다.
"잉태하지 못하며 출산하지 못한 너는 노래할지어다 산고를 겪지 못한 너는 외쳐 노래할지어다 이는 홀로 된 여인의 자식이 남편 있는 자의 자식보다 많음이라 여호와께서 말씀하셨느니라 네 장막터를 넓히며 네 처소의 휘장을 아끼지 말고 널리 펴되 너의 줄을 길게

하며 너의 말뚝을 견고히 할지어다 이는 네가 좌우로
퍼지며 네 자손은 열방을 얻으며 황폐한 성읍들을 사람
살 곳이 되게 할 것임이라"(사 54:1-3).

잉태하지 못한다는 것, 출산하지 못한다는 것은
불가능한 상황을 이야기한다. 인생의 한계 앞에선
사람에게 하나님은 말씀하신다. 네가 비록 홀로되었다
할지라도 걱정하지 마라. 너의 자녀가 남편 있는 자의
자녀보다 더 많을 것이다. 그리고 너희 자손을 통해
황폐한 성읍이 사람 살 곳이 될 것이다. 얼마나 놀라운
말씀인가? 이것이 하나님이 우리에게 하신 약속이다.

이제 우리가 할 일은 하나님의 약속을 믿고 장막
터를 넓히고, 성소의 휘장을 넓게 펴는 것이다. 그리고
우리가 품은 비전이 바람에 흔들리지 않도록 말뚝에
견고히 묶어야 한다. 일어나, 그 땅으로 가라. 내가
너희에게 주었노니, 너희의 영토가 되리라. 용기를 내서
하나님의 말씀을 붙들고 한 발 내디뎌 보자.

우리에게 용기가 필요하다. 우리에게 필요한 용기는
적을 무찌를 수 있다는 그런 종류의 담대함이 아니라
하나님의 말씀에 순종하는 용기다.

두려움을 넘어 순종으로 나아가야 한다. 인생은
용기의 양에 따라 줄어들거나 늘어난다. 신앙은

거침없는 직진이다. 믿음으로 사는 사람들은 여리고를 보지 않고 하나님을 본다. 믿음은 불가능을 보지 않고 약속을 본다. 믿음은 계산하는 것이 아니다. 극복하는 것이다.

"일어나 … 그 땅으로 가라… 내가 너희에게 주었노니 … 너희의 영토가 되리라"(수 1:2-4)라는 이 말씀을 믿음으로 받아들이고 앞으로 나아가자.

📿 나의 결심 고백하기

하나님은 내게
말씀에 순종할 용기를
요구하십니다

두렵지만,
하나님의 반전을 믿고
기대하며
나아가겠습니다

\# 사는 데 의미가 없을 때
\# 창세기 1:1-25

# 4

# 혼돈 속에서 소명을 만나다

○
○
○

헬라어로 인간을 안트로포스(ἄνθρωπος)라고 한다.
흥미롭게도 이 단어에는 '위를 바라보는 존재'(the
one who looks up the sky)라는 의미가 담겨 있다. 고대
그리스인들이 인간을 '위를 바라보는 존재'로 정의했다는
점은 주목할 만하다. 인간이 동물과 다른 점은 무엇인가?
그리스 사람들은 인간과 동물의 본질적인 차이가
'바라봄', 곧 시선에 있다고 봤다. 동물은 그 시선이 땅을
향한다. 그들의 관심사는 "무엇을 먹을까?", "무엇을
마실까?"와 같은 생존에 관한 것이기 때문이다. 하지만
인간은 동물과 달리 그 시선을 하늘로 향한다.

그렇다면 위를 바라본다는 것은 무엇을 의미할까?
인간이 바라보는 '위'는 무엇일까? 그것은 비전
혹은 꿈이라고 말할 수 있다. 하나님이 이 세상을

창조하셨다. 하나님이 이 세상을 만드실 때 뜻을 두셨다. 그리고 인간을 창조하셨다. 인간을 창조하실 때도 우리에게 뜻을 두셨다. 하나님이 내게 두신 뜻이 꿈이고, 비전이다.

우리는 흔히 꿈은 내가 꾸는 것으로 생각한다. 하지만 꿈은 내가 꾸는 것이 아니라 하나님이 내게 주시는 것이다. 그리고 우리는 하나님이 내게 두신 그 뜻을 받아들이는 것이다. 우리는 상황에서 꿈이 피어난다고 생각한다. 그러나 꿈은 상황에서 피어나는 것이 아니다. 성경적 표현대로 한다면, 약속에서 피어나는 것이다. 이 약속이 꿈이다. 아브라함은 그를 향한 하나님의 꿈을 '아멘'으로 받아들이고, 갈대아 우르를 떠나 광야 길로 들어섰다. 상황이 아니라 꿈이다. 상황을 바라보지 말고, 꿈을 바라보자. 하나님의 약속을 바라보며 살아가자.

## 창세기는 소명에 관한 기록이다

창세기 1장은 창조에 관한 기록인 동시에 소명에 관한 기록이다. 창세기를 창조에 관한 기록으로만 보면 창세기가 강조하는 점을 놓친다. 사실, 창세기는 창세기가 아니다. 창세기의 히브리어 제목은 서두의 첫 단어인 "태초에"(בְּרֵאשִׁית, 베레쉬트)다.

유대인은 각 책의 첫 단어를 그 책의 제목으로 삼았는데, 구약 성경을 헬라어로 번역하는 과정에서 베레쉬트라는 히브리 제목 대신에 이 책이 '시작, 기원, 창조' 등을 다룬다는 의미로 게네시스(γένεσις)를 사용하였다. 영어 성경의 제네시스(Genesis)가 여기서 나왔다. 또 중국어로 번역될 때, 창세기의 제목을 '세상의 창조에 관한 기록'이라는 의미로 창세기(創世記)라는 단어를 사용하였다. 우리말 성경도 이 전통을 따라 창세기라고 이름하였다. 그러나 그 제목 때문에, 이 책이 전하고자 하는 깊은 메시지를 온전히 이해하지 못하는 경우가 생기기도 한다.

| 주제 | 창조 | 타락 | 가인과 아벨 | 족보 | 홍수 | 족보, 바벨탑 | 아브라함 | 이삭 | 야곱 | 요셉 |
|---|---|---|---|---|---|---|---|---|---|---|
| 창세기의 장 | 1-2 | 3 | 4 | 5 | 6-9 | 10, 11 | 12-25 | 26-27 | 28-36 | 36-50 |
| 기간 | 2,000년 이상의 역사 | | | | | | 350년 | | | |
| 이야기의 중심 | 사건 | | | | | | 인물 | | | |

창세기는 크게 두 부분으로 구분할 수 있다. 첫째는 1장부터 11장까지로 창조로부터 아브라함 이전까지의 내용을 다루고 있다. 그리고 두 번째 단락인 12장부터 50장은 아브라함의 가계를 다루고 있다. 창세기 전체 50장 중 2,000년 이상의 역사를 11개 장에서 다루고, 300여 년의 역사를 39개 장에서 다룬다면, 창세기의 강조점은 어디에 있을까?

창세기의 핵심은 1-11장이 아니라 12장부터 시작되는 아브라함의 가계에 있음을 알 수 있다. 즉 창세기는 이스라엘이라는 한 민족의 시작 그리고 그 출발선상에서 그들이 가졌던 소명이 무엇이었는가를 이야기하기 위해서 기록된 것이다.

창세기는 모세 오경 중 첫 번째 책으로, 출애굽기로부터 신명기에 이르는 오경의 나머지 네 권의 배경이 된다. 오경 가운데 창세기가 대략 2,300년 이상의 역사를 다루며 나머지 네 권이 120년의 역사를 다루고 있다는 것은 창세기가 출애굽기로부터 신명기에 이르는 내용의 서론 역할을 함을 보여 준다.

창세기는 모세가 출애굽 한 이스라엘 백성들을 위해 광야에서 기록한 책이다. 즉 이스라엘 백성에게 그들 자신이 누구인가를 알게 하는 정체성 교육서다. 그들을 이집트에서 구원하신 하나님은 어떤 분인가? 하나님이 아브라함과 그의 자손들을 선택하신 이유가 무엇인가? 출애굽 한 이후 그들은 어떤 삶을 살아야 하는가 등을 기록하였다.

그래서 창세기는 하나님이 어떤 분인가를 선포하는 것으로 시작된다. "태초에 하나님이 천지를 창조하시니라"(창 1:1).

우리가 믿는 하나님은 천지를 창조하신 창조주이시다. '하나님'은 히브리어 엘로힘(אֱלֹהִים)을 번역한 것이다. 엘로힘은 문법적으로 보면 3인칭 남성 복수형이다. 하나님에 대한 가장 일반적인 명칭은 엘(אֵל)이다. 구약 성경에서는 '엘'이 주로 엘 샤다이(שַׁדַּי אֵל), 엘 로이(אֵל רֳאִי), 엘 올람(אֵל עוֹלָם)과 같이 복합 명사로 쓰인다. 학자들 가운데 일부는 엘로힘이라는 말 속에 삼위일체의 개념이 있다고 담겨 있다고 해석한다. 하지만 구약 성경에서 엘로힘은 형태는 복수 형태이지만, 의미상으로는 단수형으로 사용되었다.

독일의 성경비평학자 빌헬름 게제니우스(Wilhelm Gesenius)의 《게제니우스 히브리어 문법》(Gesenius' Hebrew Grammar)에 의하면, 엘로힘은 장엄 복수(majestic plural)다. 장엄 복수란 누군가 다른 사람보다 위대하거나 명예롭거나 권세(power)가 있음을 나타내기 위해서 '나'(I)라는 단수 대신 '우리'(We)라는 복수를 사용하는 것을 말한다.

당시 고대 근동 지방에서는 A가 B보다 강함을 나타내기 위해서 단수를 복수로 바꾸어 사용하는 습관이 있었다. 모세가 하나님을 엘로힘으로 표현하면서 말하고자 한 것은 하나님의 능력의 크심이다. 창세기 1장 1절과 십계명의 첫 번째 계명은 밀접하게 연결된다. "너는 나 외에는 다른 신들을 네게 두지 말라"(출 20:3)라는 명령의 핵심은 하나님만이 유일하고 참되신 신이라는 선언이다.

이스라엘은 이집트에서 오랜 시간 노역을 하며 살았다. 바로는 살아있는 신이었다. 그들이 경험한 바로는 막강한 권세요 현존하는 신의 모습 그 자체였다. 모세는 그들을 인도하신 하나님이 그들이 이집트에서 경험했던, 신적 존재로 생각했던 파라오보다 더 '강하신 분'이라고 선포한다. 즉 하나님만이 참 신이시며, 그 외에 다른 누구도 섬기지 말라고 한 것이다.[*]

이것을 강조하기 위하여 창세기 1장은 또 하나의

---

[*] 출애굽기 3장을 보면, 모세가 하나님께 드린 "(백성들이) 내게 묻기를 그의 이름이 무엇이냐 하리니 내가 무엇이라고 그들에게 말하리이까"(출 3:13)라는 질문에 하나님이 "나는 스스로 있는 자이니라"(출 3:14)라고 대답하시는 내용이 나온다. 여기서 사용된 "나"라는 단어는 히브리어로 야웨(Yahweh, Jehovah)다. 이 이름은 하나님의 신실하심과 절대적 주권을 나타내는 동시에 하나님의 자존성을 보여 준다.

복선을 깔아 놓았는데 그것은 창세기 1장에서 반복적으로 등장하는 "이르시되 …그대로 되니라"라는 표현이다. 창세기 1장은 반복적인 관용구를 자주 사용한다. "하나님이 이르시되 -하라"라는 지시어와 "그대로 되니라"라는 성취어가 반복적으로 등장한다.

사실, 이러한 반복적인 표현을 생략하고, 1장을 읽어도 본문의 내용을 이해하는 데 아무런 어려움이 없다. 그럼에도 불구하고 이러한 표현이 반복적으로 등장한 것은, 한번 말씀하신 것은 반드시 이루시는 권능의 하나님을 강조하기 위함이었을 것이다.

그런데 성경에 보면 한번 말씀하시면 반드시 이루시는, 그 말씀 하신 대로 행하시는 하나님이 우리에게 뜻을 두셨다고 이야기한다.
"내가 너를 모태에 짓기 전에 너를 알았고 네가 배에서 나오기 전에 너를 성별하였고 너를 여러 나라의 선지자로 세웠노라"(렘 1:5).

성경은 우리가 이 세상에 태어나기 전에 하나님이 이미 우리를 아셨고, 우리가 태에서 나오기 전에 이미 우리를 구별하셨다고 말한다. 이것은 대단히 중요한 말씀이다. 우리는 그냥 우연히 태어난 존재들이 아니다. 우리가 깨닫지 못해서 그렇지 하나님의 필연적인 섭리

가운데 이 세상에 태어난 것이다. 하나님이 나를 통해서 이루실 일이 있기에 내가 이 세상에 존재하는 것이다. 이것이 기독교적 소명 의식이다. 그저 살아가는 것이 아니라 인생을 만들어 가야 한다.

내가 하는 일이 의미가 없다고 느끼는가? 의미는 소명에서 나온다. 소명이 있으면 내가 하는 일에 의미가 생긴다. 소명은 과거와 현재가 아니라 미래와 관련되어 있다. 소명은 미래를 바라보게 한다. 소명의 눈으로 내 삶의 현장을 바라보자.

### 복의 근원으로서의 정체성을 확인하라

창세기 1장에는 하나님이 6일간 창조하신 이야기가 비교적 상세하게 기록되어 있다.

| 1일 | 빛 | 4일 | 해, 달, 별 |
| 2일 | 하늘, 바다 | 5일 | 새와 물고기 |
| 3일 | 땅 | 6일 | 동물들과 사람 |

창조의 과정을 보면, 1일과 4일이, 2일과 5일이 그리고 3일과 6일이 서로 연결된다. 1일에는 빛이

그리고 4일에는 빛을 내는 본체들, 해와 달과 별이 만들어진다. 그리고 2일에 하늘을 창조하셨고, 5일에는 하늘의 새를 만드셨다. 끝으로 3일에는 땅을, 6일에는 동물과 사람을 만드셨다.

나는 이 창조의 과정에서 환경을 먼저 만드시고 환경의 주인공을 만드신 하나님의 손길을 본다. 모세는 창조의 과정을 통해 출애굽 한 이스라엘이 역사의 주인이라는 사실을 말한다. 야곱의 아들들이 가나안에 정착할 때까지 하나님이 아브라함에게 주셨던 선민의식이 유지된 것 같지 않다. 한 가정의 아버지로 살기는 했지만, 온 백성의 아버지, 아브람에서 아브라함에로의 비전은 아직 갖지 못했다. 그들의 관심은 큰 민족을 이루는 것이었다. 큰 민족이 되어 그들을 통하여 모든 민족이 복을 받게 하신다고 하셨지만, 아직 그들의 비전은 거기에 도달하지 못했다.

이스라엘이 다시 복의 근원으로서의 정체성을 확인하게 된 것은 모세에 의해서다. 이스라엘 백성은 이집트에서 오랜 고역의 시간을 보냈다. 자존감은 떨어질 대로 떨어졌다. 출애굽기에서 보는 것처럼 하나님은 모세를 통해 그들이 제사장 나라가 되어야 할 것을 말씀하셨다.

"너희가 내게 대하여 제사장 나라가 되며 거룩한 백성이 되리라"(출 19:6).

당시 이스라엘 사람들에게 제사장 나라가 된다는 말이 어떻게 들렸을까? 자신의 가정조차도 제대로 경영해 보지 못한 사람들이었다. 창조 이야기는 그런 그들에게 "너희는 노예가 아니라 거룩한 백성이요 제사장이며 역사의 주인공"이라고 말한다. 하나님이 출애굽 한 이스라엘 백성들에게, 오랜 시간 고역을 해야 했던 그들로 하여금 그들 자신이 누구인가를 깨닫게 하셨다.

그 시작이 '광야'다. 광야는 생존 자체가 어려운 곳이다. 광야가 얼마나 힘들었는지 그들은 차라리 노예가 낫다고 할 정도였다. 그러나 한계에 직면하면서 그들이 이전에 불가능하다고 여겼던 것들이 하나씩 부서지는 것을 경험한다. 자신이 누구인가를 비로소 알게 된 것이다. 40년 광야 생활을 마친 기록이 여호수아서다. 아이 성 전투를 빼면 100전 100승이다.

구약 성경을 보면 이스라엘 백성들의 이야기가 크다는 사실을 발견한다. 세계사의 관점에서 보면, 이스라엘은 아주 작은 민족이다. 이집트, 그리스 그리고 로마에 견줄 만한 화려한 문화도 없다. 그런데 흥미로운

것은 그렇게 별 볼 일 없는 아주 작은 민족이 그들
자신을 세계사의 중심으로 여겼다는 것이다. 그들은
늘 자신을 제사장 나라요 거룩한 나라라고 생각했다.
생각이 중요하다.

창세기에 기록된 창조의 과정을 통해서 하나님은 그들이
주인공이라는 사실을 알려 주셨다. 사실, 당시 이 말씀이
이스라엘 백성들에게 그렇게 들렸다고 보지 않는다.
하지만 계시의 점진성이라는 관점에서 보자면, 나는
당연히 그럴 수 있다고 본다. 우리는 환경의 주인공이다.
그리고 내가 속한 환경은 나를 통해 변화될 수밖에 없다.

어떻게 살 것인가? 숙명론적으로 살아갈 것인가
아니면 내 앞에 펼쳐진 가능성을 바라보면서 앞으로
나아갈 것인가?

"여호와 하나님이 흙으로 각종 들짐승과 공중의 각종
새를 지으시고 아담이 무엇이라고 부르나 보시려고
그것들을 그에게로 이끌어 가시니 아담이 각 생물을
부르는 것이 곧 그 이름이 되었더라"(창 2:19).

하나님은 아담에게 "각종 들짐승과 공중의 각종
새"의 이름을 짓게 하셨으며, 아담이 부르는 것이 각
생물의 이름이 되었다. 이 사실은 세상 속에서 인간의

특별한 위치를 보여 준다. 우리는 '이름을 짓는 자'요 '환경을 창조하는 자'다.

우리가 이름 짓는 대로 우리 삶과 환경이 된다. 우리가 절망이라 부르면 내 삶은 절망이 되고, 우리가 소망이라 부르면 내 삶은 소망이 된다. 회복은 바로 이 언어가 변하는 순간부터 시작된다. 절망이라는 그 상황을 희망이라고 불러보자. 이름을 짓는 자로서 나의 모습을 회복해야 한다. 내가 속한 환경은 나를 통해서 변화될 수밖에 없다는 사실을 믿고 믿음으로 선포하며 살아가자.

## 한계 상황을 향하여 돌을 던지라

루터는 소명에 대한 중세 가톨릭의 왜곡을 거부하고, 구원받은 신자들은 직책이 다를 뿐 모두 하나님 앞에서 제사장이라고 주장하였다. 이것이 기독교적 소명 의식이다.

중세에는 일상 직업을 소명으로 보지 않았다. 소명이란 교회에서 공식적으로 임명한 직책에 국한되었다. 하지만 루터에 의해서 평범한 직업도

소명이 된다. 칼뱅(Jean Calvin) 역시 직업을 소명의
통로로 이해하였다. 하지만 칼뱅은 소명을 직업에
제한하지는 않았다. 직업은 소명이 아니라 '소명의
통로'다. 칼뱅은 소명을 직업을 넘어서 삶 전체를
하나님의 부르심에 대한 반응으로 확장했다. 소명은
삶의 목적과 연결된다.

다윗은 시편 16편 6절에서 다음과 같이 고백한다.
"내게 줄로 재어 준 구역은 아름다운 곳에 있음이여 나의
기업이 실로 아름답도다"(시 16:6).

지금 우리가 서 있는 이곳, 또 가야 할 그곳도
하나님이 정확하게 줄로 측량하셔서 우리에게 주신
것이다. 이것이 기독교적 소명 의식이다. 내 현실이
아름답지 않은 곳에 있는 것처럼 보일 수 있다. 현실이
그렇게 보이는 것은 이 세상이 타락해서 그렇다. 그
타락한 세상을 회복하기 위하여 하나님이 나를 이곳에
보내신 것이다.

그리고 우리는 삶을 통하여 우리가 사는 삶의 현장을
아름다운 곳으로 만들어 가는 것이다. 이것이 일상생활
영성의 핵심이다. 소명의 회복은 문화적으로 엄청난
영향을 가져왔다. 삶의 모든 영역에서 그리스도를
주님으로 높이려는 시도는 종교 개혁이 일어난 국가들의

세계관과 문화를 변혁시켰다.

나는 성경 가운데 다윗과 골리앗의 이야기를 참 좋아한다. 골리앗 앞에선 이스라엘 군인들은 골리앗의 덩치에 간담이 서늘해졌고, 아무도 감히 도전하는 자가 없었다. 바로 이때 다윗이 등장한다. "너는 칼과 창을 가지고 내게 나아오지만 나는 만군의 하나님 여호와의 이름을 가지고 네게 나아간다"(참조, 삼상 17:45).

모두가 두려워할 때, 어떻게 다윗은 그들을 향해 나아갈 수 있었는가? 그것은 한번 말씀하시면 반드시 이루시는 하나님이 나를 이곳으로 보내셨다는 믿음이 있었기 때문이다. 우리에게는 다윗과 같은 사람이 필요하다. 우리 앞에 서 있는 거대한 한계 상황을 향하여 돌을 던질 사람들이 많이 있어야 한다.

모세가 파라오라는 한계 상황을 향하여 나아갔던 것처럼, 홍해라는 한계 상황 앞에 이스라엘 백성들이 첫발을 내디뎠을 때 그 물이 갈라진 것처럼, 우리가 속한 이 사회를 향하여 나아갈 때 기적이 일어날 것이다. 거인을 바라보지 말고 우리에게 "이미 이겼다"라고 선언하시는 하나님을 바라보자. 그리고 우리 민족과 역사를 향하여 우리 손에 들려진 물맷돌을 던져 보자.

"땅이 혼돈하고 공허하며 흑암이 깊음 위에 있고

하나님의 영은 수면 위에 운행하시니라"(창 1:2). 창세기 1장 2절은 이것과 관계하여 우리에게 또 다른 위로를 준다. 이 말씀은 하나님이 천지를 창조하실 때의 상태를 묘사하는 구절이다. 하나님이 천지를 창조하실 때 땅이 혼돈하고 공허하며 흑암이 깊음 가운데 있었다.

"땅이 혼돈하고 공허하며 흑암이 깊음 위에" 있다는 것은 이런 뜻이다. '혼돈'이란 형태가 없고 거친 상태를 나타내며 '공허'란 텅 빈 상태, 곧 생명이 없는 상태를 말한다. 그리고 '흑암'이 깊다는 것은 빛이 전혀 없는 상태를 말한다. 하나님이 세상을 처음 만드실 때 이 세상의 모습이 그러했다. 그런데 성경은 아무것도 갖추어지지 않고, 텅 비어 있는 어둠이 가득한 그곳에서 하나님이 무엇인가를 하고 계셨다는 사실을 가르쳐 준다.

여기서 우리가 주목해야 할 것은 "하나님의 영은 수면 위에 운행하시니라"라는 말씀이다. 1장 2절에 기록된 '하나님의 영'은 히브리어로 루아흐 엘로힘(אֱלֹהִים רוּחַ)인데, 그 뜻은 '숨', '바람', '영'이다. "수면 위에 운행하시니라"에서 '운행'이라는 단어는 아직 날지 못하는 새끼 위를 맴도는 독수리를 묘사할 때도 사용되었다. "마치 독수리가 자기의 보금자리를 어지럽게 하며 자기의 새끼 위에 너풀거리며 그의 날개를 펴서 새끼를 받으며 그의 날개 위에 그것을 업는 것 같이"(신 32:11).

따라서 수면 위에 운행하셨다는 말은 하나님의 강한 임재를 나타내는 표현이다. 하나님은 "혼돈하고 공허"한 세상에 임재하시어 날지 못하는 독수리 새끼 같은 인간들을 품고 돌보셨다.

"땅이 혼돈하고 공허하며 흑암이 깊음 위에" 있는 것은 오늘날 우리 모습일 수 있다. 그러나 수면 위에 운행하시던 그 하나님이 도무지 희망이라고는 보이지 않는 내 삶 속에 생명을 불어넣고 계신다는 사실을 알아야 한다.

제2차 세계 대전 말기에 독일의 한 수용소에 갇혔던 목사님의 수기다. "지금 내 눈앞에는 앙상한 떡갈나무가 있습니다. 사람들은 그 나무가 죽었다고 합니다. 하지만 나는 그 속에서 생명을 봅니다. 봄이면 다시 태어날 생명을 바라봅니다. 나는 그 나무 속에서 또한 어두움이 결코 생명을 이기지 못하리라는 확신을 봅니다." 죽은 것같이 보이는 고목에서 생명을 볼 수 있어야 한다. "사람들이 종일 내게 하는 말이 네 하나님이 어디 있느뇨 하오니 내 눈물이 주야로 내 음식이 되었도다"(시 42:3).

어쩌면 오늘 우리의 현실이 이 시편 기자의 고백과 같을 수 있다. 하나님이 보이지 않을 수 있다. 하지만 물 위에 운행하시는 하나님이 독수리가 날지 못하는 새끼를 받아 그 날개 위에 업듯이 그 크신 날개 아래 우리를 품고 계심을 알아야 한다.

## 죽은 자를 다시 살리시는 하나님을 체험하라

1997년 여름 이스라엘을 방문한 적이 있다. 8박 9일간 다니면서 인상 깊었던 것 가운데 하나가 사막에 피어나는 꽃과 열매들이었다. 사막에 꽃을 피우기 위해, 열매를 맺게 하려고 엄청난 눈물을 흘렸을 것이다. 오랜 시간 물 한방울 없고 풀 한 포기 살아남을 수 없는 그 절망 속에서 그들은 그곳에 생명을 불어넣으시는, 날지 못하는 자를 날게 하시는 하나님을 기대하며 씨를 뿌렸다.

"눈물을 흘리며 씨를 뿌리는 자는 기쁨으로 거두리로다 울며 씨를 뿌리러 나가는 자는 반드시 기쁨으로 그 곡식 단을 가지고 돌아오리로다"(시 126:5-6).

기적은 그냥 일어나는 것이 아니다. 그곳에는 눈물이 있다. 그러나 그 눈물은 한의 눈물과는 다른 미래를 희망하는 눈물이다.

"사람이 무엇으로 심든지 그 심는 대로 거둔다."
지금 우리는 무엇을 심는가? 이것은 오랜 시간 동안 이집트에서 고역을 하던 이스라엘 백성들에게 모세가 던지는 도전이었다. 우리 삶이 "땅이 혼돈하고 공허하며 흑암이 깊음 위에" 있다고 하자. 그것을 숙명적으로 받아들이겠는가? 아니면 우리를 날게 하시는 하나님을 믿고 힘차게 날아오르겠는가? 성경은 생명을 불어넣어 주시는 하나님, 우리를 날게 하시는 하나님이 내 삶을 품고 계신다는 사실을 강조하고 있다.

1996년부터 2004년까지 영국에서 유학하면서 체험한 하나님은 수면 위에 운행하시는 하나님이었다. 1996년에 브리스틀대학(University of Bristol)에서 석사과정을 마치고 1997년 가을에 박사과정을 시작했다. 그런데 그해 겨울 한국에 IMF 경제 위기 사태가 발생했다.

처음 영국에 도착했을 때 1파운드에 1,200원 하던 환율이 3,400원까지 올랐다. 경제적으로 어려움이 많았다. 요양원에서 돌봄 일을 하고, 학교에서 잔디를 깎고 기숙사 페인트를 칠하는 잡역도 하고, 청소 아르바이트를 해도 학비는커녕 생활비를 충당하기도

힘들었다. 중간중간 까마귀가 엘리야에게 먹을 것을 공급해 주듯이 하나님이 사람을 통해서 필요를 채워 주시기도 했다. 전기세와 물세를 내야 할 돈이 없을 때 당시 출석하던 영국인 교회 성도가 부활절 카드에 납부할 세금과 동일한 액수의 돈을 넣어 주었다. 또 자동차 수리를 해야 하는 상황에서 누구에게 돈이 필요하다고 말한 적이 없는데도 누군가 익명으로 내 우편함에 그 수리비에 해당하는 금액을 넣어 두는 일도 있었다. 함께 공부하던 마틴(Martyn Westby)은 졸업하면 요크(York)에 있는 교회에서 사역을 시작한다며, 1월부터 월급이 들어오니 매달 5일에 은행에서 찾아 쓸 수 있도록 100파운드짜리 개인 수표 12장을 내게 주기도 했다.

하지만 학비는 여전히 문제였다. 당시 영국에 있는 장학 재단에 50여 통의 편지를 보냈는데, 세인트 루크 칼리지 재단(St. Luke's College Foundation)*으로부터 1년에 2,000파운드를 지원해 줄 수 있다는 편지를 받았다. 2,000파운드면 학비의 1/3을 감당할 수 있었다. 밀린

---

* 세인트 루크 칼리지 재단은 종교 교육 및 신학 분야의 연구자나 대학원 과정을 밟는 개인에게 연구비 및 학비 지원을 하는 단체다.

학비 일부를 내고 일과 공부를 병행하는데, 도무지 이렇게 해서는 안 될 것 같은 생각이 들어 40일을 작정 기도하기로 했다.

기도가 마무리되던 어느 날 우연한 기회에 학교 게시판에 케임브리지대학교(University of Cambridge)의 클레아 칼리지(Clare College)에서 보조 목사(assistant chaplain)를 뽑는다는 공고를 보았다. 조건은 박사과정 학생이어야 하고, 혜택은 주택 제공과 장학금으로 학비의 50%를 준다는 것이었다. 박사 과정 지도 교수를 찾아갔다.

당시 내 지도 교수였던 제인 윌리엄스(Jane Williams)는 인도 선교사의 딸로 인도에서 태어나 외국인에 대한 연민이 많았다. 학비 때문에 공부를 중단하고 다른 학교로 옮겨야겠다는 내 말에 흔쾌히 추천서까지 써 주었다. 케임브리지대학은 박사과정 편입이 없어서 다시 지원해야 했지만, 다행히 합격하여 학교를 옮겼다.

문제는 케임브리지대학 박사과정에는 합격했는데, 함께 준비하던 '보조 목사'는 최종 단계에서 탈락했다는 것이다. 나중에 알고 보니 그때 선발된 학생은 인도인으로 존 스토트(John Stott) 목사님의 추천을

받았다고 한다. 지금 돌이켜 보면, 영어가 어눌한
한국인보다는 영어가 공용어인 인도 학생이 더 적절한
선택이었다. 보조 목사는 안 되었지만, 감사하게도
내가 소속된 피츠윌리엄 칼리지(Fitzwilliam College)에서
한 학기에 해당하는 2,000파운드의 장학금을 받을 수
있었다.

하지만 다음 학기가 문제였다. 공부하면서 또
기간을 정해 기도하기 시작했다. 기도하던 중 장학회
사무실을 찾아갔는데, 놀랍게도 장학 담당 직원이
브리스틀에서 나를 지도하던 제인 윌리엄스 교수의
언니인 로잘린이었다. 내 사정을 이야기했더니 그렇지
않아도 나에 대하여 동생에게서 들었다며, 능력이 없어
공부 못하는 것은 이해되지만, 돈이 없어 공부 못 하는
것은 아니라면서 기다려 보라고 했다.

작정 기도가 끝나는 날, 학교로부터 연락이 왔다.
1년에 10,000파운드를 장학금으로 주겠다는 것이었다.
원래 그 장학금은 영국인 몫이었는데, 그 학생이
외부에서 장학금을 많이 받아 대상을 외국인으로
확장했고, 내가 그 대상자가 되었다는 것이다.
10,000파운드는 학비를 내고도 남는 돈이었다. 그리고
다음 해에도 10,000파운드를 받았다. 마지막 3년 차에

원래 영국 학생의 몫인데 외국 학생에게 나가는 것이 공평하지 못하다는 말이 있어서 안타깝게 제외되었다는 소식을 들었다. 하지만 박사과정 3년 차에도 하나님이 대학원 연구위원회 장학금(Research Award of Board of Graduate Studies)과 장학재단의 장학금(E.D. Davies Scholarship)을 받게 해 주셨기에 학업을 마칠 수 있었다.

학비는 해결되었지만, 생활비가 문제였다. 하루는 권사님 한 분이 전화를 주셔서 1,000만 원을 보내 주겠다고 말씀하셨다. 지금도 큰돈이지만, IMF 경제 위기 당시에 1,000만 원은 훨씬 더 큰 금액이었다. 게다가 당시 권사님의 딸도 프랑스에서 유학하고 있었기에 경제적으로 여유가 많지 않았다. 그런데 기도하던 중 도우라는 하나님의 말씀을 듣고 송금하신다는 내용이었다. 그 외에도 분당중앙교회의 장학금 등 말로 할 수 없는 많은 도움의 손길이 있었다.

공부하는 8년간, 순간순간은 바울의 고백처럼 살 소망이 끊어질 정도로 심한 고생을 하였는데, 되돌아보니 죽은 자를 다시 살리시는 하나님을 체험하는 기간이었다.

## 우리가 선포할 때, 세상이 회복된다

우리가 믿는 하나님은 생명이 없는 곳에 생명을 심어 주시는 하나님, 땅이 공허하고 혼돈하며 흑암이 깊으면 위에 있는 상황 속에서 우리를 품어 주시는 하나님이다.

"하나님이 이르시되 빛이 있으라 하시니 빛이 있었고"(창 1:3)라는 말씀에서 하나님이 그 마음에 작정하신 바를 선포하셨을 때 그것이 이루어졌다는 사실을 주목해 볼 필요가 있다. 태초에 말씀을 선포하심으로 천지를 창조하신 하나님은 오늘도 하나님 백성들의 선포를 통해 당신의 뜻을 이루어 가신다. 에스겔이 선포했을 때 마른 뼈가 움직이고 하나님의 군대가 되었던 것처럼 우리가 선포할 때 이 세상이 회복될 것이다.

창세기로부터 신명기에 이르는 구약 성경의 첫 다섯 권은 이스라엘 백성들이 광야 생활을 할 때, 모세에 의해서 쓰였다. 모세는 그 처음 책인 창세기를 쓰면서 하나님을 이렇게 소개한다. 우리 하나님은 창조주 하나님이시다. 권능의 하나님이시다. 한번 말씀하시면 반드시 이루시는 하나님이시다.

그 하나님이 우리에게 뜻을 두셨다. 우리는 환경의

주인공이다. 내가 속한 환경은 나를 통하여 변화될 수밖에 없다. 환경이 마음에 들지 않는가? 그 환경을 바꾸는 것이 우리가 할 일이다. 이것이 기독교적 소명 의식이다. 우리는 우리가 속한 그곳을 바꾸어야 한다. 내 가정을 바꾸고, 내 직장을 바꾸고 내 고장을 바꾸고, 이 나라와 이 민족을 바꾸어야 한다.

모세가 파라오라는 거대한 한계 상황에 맞서 나아갔을 때, 이스라엘 백성들은 자유와 해방을 경험하였다. 홍해라는 절체절명의 벽 앞에서 그들이 믿음으로 발을 내디뎠을 때, 길이 열렸다. 죽음의 골짜기에서 에스겔이 하나님의 말씀을 따라 외쳤을 때 마른 뼈들이 하나님의 군대가 되었다.

우리가 속한 이 사회를 향해 믿음으로 선포하며 나아갈 때, 하나님은 기적을 행하실 것이다. 벽 앞에서 주저앉거나 홍해 앞에서 머뭇거리지 말자. 마른 뼈와 같은 현실을 향해 하나님의 말씀을 선포하자. 우리는 이름을 짓는 사람이다. 우리가 이름을 짓는 대로 환경이 변화될 것이다.

## 나의 결심 고백하기

하나님은
나를 통해 하실 일이
있으십니다

이제부터 나의 삶을
소망이라
부르겠습니다

# 내 일이 별것 아닐 때
# 창세기 4:16-5:27

# 5

## 유명하고 화려하지 않아도 괜찮다

○
○
○

 빅터 프랭클(Victor Frankl)의 《죽음의 수용소에서》(Man's Search for Meaning)라는 책이 있다. 오스트리아의 정신과 의사였던 저자가 제2차 세계 대전 당시 아우슈비츠 수용소에서 겪었던 실존적 질문들을 담담하게 적어 내려간 책이다.

 프랭클은 제2차 세계 대전 말기 가족과 함께 아우슈비츠로 끌려가게 되고, 그곳에서 다른 동료 유대인들과 부모님이 가스실에서 죽어 가는 참혹한 모습을 마주해야 했다. 그는 포로수용소의 끔찍한 경험을 통해 인간에게서 모든 것을 빼앗을 수 있어도, 단 한 가지는 빼앗을 수 없다는 사실을 깨달았다. 그것은 바로 주어진 환경 속에서 자신의 태도를 선택할 수 있는 자유, 그리고 어떻게 살아갈 것인지 자기 삶의 방향을 선택할 수 있는 자유였다.

수용소 안에서 포로들은 모두 같은 상황에 놓여 있었다. 그들은 똑같이 굶주렸고, 똑같이 두려움 속에 살았다. 하지만 그 안에서 어떤 이는 자신의 편의를 위해 나치 편에 붙어 포로들을 관리하는 앞잡이가 되었고, 다른 누군가는 다른 사람을 위로하는 삶을 살아갔다. 수용소의 경험을 통해 그는 사람이 모든 환경과 상황을 통제할 수는 없지만, 적어도 어떤 상황에서도 태도만큼은 선택할 수 있다는 결론에 도달하였다.


## 선택이 삶을 바꾼다

상황이 태도를 만드는 것이 아니다. 태도가 상황을 바꾼다. 문제를 선택할 수는 없다. 하지만 문제에 대한 우리의 태도는 선택할 수 있다. 길이 없으면 길을 만들면 된다. 문은 벽에다 내는 것이다. 믿음은 어떻게 보면 태도에 관한 것이라고 할 수 있다. 믿음은 환경에 압도당하지 않는다.

삶의 의미는 우리 각자가 스스로 만들어 가는 것이다. 포로수용소에서의 삶은 위대함과는 거리가 멀었으며, 위대함을 성취할 기회도 없었다. 그래서 많은 포로가 그 상황에 좌절하며 살거나 아니면 나치의 편에서 동료들을 핍박하는 선택을 했다. 그런데 앞에서도 말했지만, 누군가는 그 상황 속에서 희망을 잃지 않고 삶의 의미를 부여하며 살아간다. 비록 남들이 보기에 위대하지는 않을지라도 담담하게 살아갔다.

왜 살아야 하는지를 아는 사람은 어떤 상황도 견딜 수 있다. 중요한 것은 우리가 삶에 무엇을 기대하는가가 아니라 삶이 우리에게 무엇을 기대하는가다. 그리고 그에 대한 대답은 개개인이 자기 앞에 놓인 삶의 과제를 선택하는 것을 통해서 하는 것이다. 삶은 우리에게 수많은 질문을 던진다. 그 수많은 질문에 답하는 것은 누구도 아닌 나 자신이다.

미국의 한 사회학과 교수가 자신의 강의를 듣는 학생들에게 과제물을 내었다. 볼티모어(Baltimore)의 유명한 빈민가로 가서 그곳에 사는 청소년 200명의 생활 환경을 조사하는 일이었다. 조사를 마친 뒤 학생들은 그 청소년들 각자의 미래에 대한 평가서를 써냈다. 평가서의 내용은 모두 동일했다. "이 아이에겐 전혀 미래가 없다. 아무런 기회도 주어지지 않기 때문이다."

그로부터 25년이 지난 뒤, 또 다른 사회학과 교수가

우연히 이 연구 자료를 접하게 되었다. 그래서 그는
학생들에게 그 200명의 청소년들이 25년이 지난 현재
어떤 삶을 살고 있는지 추적 조사하라는 과제를 내었다.
조사 결과, 놀라운 사실이 밝혀졌다. 사망하거나 다른
지역으로 이사 간 20명을 제외하고는 나머지 180명
중에서 176명이 변호사, 의사, 사업가, 대학교수 등이
된 것이다.

결과에 놀란 교수는 조사를 더 진행하며 그 이유를
찾았다. "당신이 성공할 수 있었던 가장 큰 이유가
무엇입니까?" 대답은 모두 한결같았다. "여선생님
한 분이 계셨지요." 그 여교사를 찾아가서 물었다.
"빈민가의 청소년들을 이처럼 성공적인 인생으로 이끈
비결은 무엇입니까?" 여교사는 짧게 대답했다. "나는 그
아이들을 사랑했어요"(I loved those boys).

아마도 그녀가 처음 빈민가 학교에 배정받았을
때, 기쁘기만 하지는 않았을 것이다. 환경은 거칠었고
아이들은 상처투성이였다. 하지만 그녀는 아이들을
사랑하기로 선택했고, 그 선택이 아이들의 삶을 바꿨다.
상황이 사람을 만드는 것이 아니다. 사람의 선택이
상황을 바꾼다.

창세기 4장과 5장에는 2개의 족보가 기록되어 있다.
하나는 가인의 가문이고 다른 하나는 셋의 가문이다.
창세기 4장을 보면 가인의 후손은 도시를 건설하고
문화를 만들었다.

"아다는 야발을 낳았으니 그는 장막에 거주하며
가축을 치는 자의 조상이 되었고 그의 아우의 이름은
유발이니 그는 수금과 퉁소를 잡는 모든 자의 조상이
되었으며 씰라는 두발가인을 낳았으니 그는 구리와
쇠로 여러 가지 기구를 만드는 자요 두발가인의 누이는
나아마였더라"(창 4:20-22).

 라멕의 아들 야발은 목축 치는 자의 조상이 되었고,
유발은 수금과 퉁소를 치는 자의 조상이 되었고,
두발가인은 각종 기계를 만드는 사람의 조상이 되었다.
도시에서 생활하려면 대규모 생산이 이루어져야 하는데,
야발이 이룩한 혁신이 집단으로 목축을 치는 것이었다.
유발은 밴드를 조직했고, 두발가인은 기계화를 통해
대량 생산을 가능케 했다.

 효율성은 도시의 특성이다. 농촌과 비교해서
보자면 시스템의 효율성을 강조한다. 오늘 우리가
살아가는 대도시를 보라. 모든 것이 분업화가 되어있고,
체계적이다. 합리성과 효율성이다. 이것이 가인의

후손이 만든 문화였다.

그런데 셋의 족보는 가인의 족보와 달리 별 볼 일이 없다. "아담은 셋을 낳은 후 팔백 년을 지내며 자녀들을 낳았으며 그는 구백삼십 세를 살고 죽었더라 셋은 백오 세에 에노스를 낳았고 에노스를 낳은 후 팔백칠 년을 지내며 자녀들을 낳았으며 그는 구백십이 세를 살고 죽었더라"(창 5:4-8).

이어지는 5장의 내용을 보면 "낳고 죽었더라" 밖에 나오지 않는다. 셋의 후손의 족보의 특징이 무엇인가? "낳고 죽었더라"다. 태어나고 낳고 죽었다는 이야기밖에 없다. 가인의 후손은 성을 건설하고 도시를 형성하고 문화를 만들었는데, 셋의 후손은 그저 태어나고, 자녀를 낳고 죽었다.

두 가문 가운데 어떤 가문이 보기에 그럴듯한가? 가인의 가문이다. 남들에게 내세울 만하다. 반면에 셋의 가문은 너무 초라하게 보인다. 가인의 집안이 훨씬 더 화려하다. 그러나 결국, 가인이 쌓았던 화려함은 다 사라져 버렸고, 셋의 족보는 노아로까지 이어지며 새로운 역사를 만들었다. 나는 4장과 5장의 족보를 읽을 때마다 위로와 도전을 받는다.

## 하나님이 주목하시는 것

노아는 120년간 방주를 예비했다. 비가 내리지 않았던 시절에 홍수를 생각하며 배를 만들었다. 완성된 모습을 한 번이라도 본다면 그 완성된 모습을 머릿속에 그려 놓고 퍼즐을 맞출 텐데, 안타깝게도 누구도 그 완성된 모습을 본 적이 없다.

그는 배의 모양도 몰랐다. 그냥 하루하루 망치질하고 대패질하며 살았다. 그 120년간 다른 사람들은 무엇을 했을까? 어떤 사람은 산업을 일으키고, 혁신을 이루고, 길을 내고 건물을 지었을 것이다. 그런 일에 비해 노아가 한 일은 어쩌면 상대적으로 작고 무의미하게 보일 수 있었다. 하지만 노아는 묵묵히 자신이 해야 할 일을 했다. 뚝딱뚝딱 망치질하면서 120년을 보냈다. 당시 노아의 심정이 어땠을까?

세상 사람이라면, '일류 기업의 주식을 사서 120년 후에 찾으면 얼마나 될까? 땅을 사면 120년 후에 얼마나 가격이 오를까?'를 생각할 때, 또 누군가는 집값이 올랐다고 좋아하고, 승진했다고 좋아하고, 투자한 돈이 이득을 남겼다고 좋아할 때, 노아가 한 일이란 그냥 나무를 자르고 망치질하는 일이었다.

120년간 묵묵히 방주를 예비하던 노아에게 상대적 박탈감이 없었을까? 어쩌면 오늘 우리의 삶이 노아와 같을 수 있다. 하나님이 방주를 예비하라고 하시는데, 완성된 모습이 머릿속에 그려지지 않는다. 그리고 방주를 예비하는 내 모습이 상대적으로 초라해 보이기도 할 것이다.

예수님은 나다나엘을 보시고, "빌립이 너를 부르기 전에 네가 무화과나무 아래에 있을 때에 보았노라"(요 1:48)라고 말씀하셨다. 이 말을 들은 나다나엘의 심정이 어땠을까? 당시에도 그리고 지금 우리에게도 나다나엘은 베드로나 야고보 사도보다도 덜 알려져 있다. 그런데 예수님은 그를 보시자 "네가 무화과나무 아래에 있을 때 보았다"라고 말씀하셨다.

나다나엘이 엄청난 일을 하고 있어서 예수님이 그를 보신 것이 아니다. 그는 그냥 나무 아래에 앉아 있었다.

그런데 그런 나다나엘을 예수님이 주목하셨다. 우리가 하는 일이란 대부분 그냥 그런 일이다. 주님은 그런 나를 주목하시고 인정하신다.

흥미로운 사실은 가인의 족보를 기록할 때는 연수가 안 나오는데, 셋의 후손은 "-세에 낳고 -살다가 죽었다"라고 구체적인 연수가 표시된다. 나는 이 족보가

너무 좋다. 화려하지 않아도 나의 날 수를 계수하시는
하나님이 너무 좋다.

나다나엘이 나무 아래 있을 때 그를 보신 하나님이
그냥 하루를 일상으로 살아 내는 우리의 삶을 보신다.
'인생'이라는 퍼즐을 맞추다 보면 퍼즐이 잘 안 맞을 때도
있다. 왜 이 일을 하나 하는 생각이 들기도 하고 제대로
하고 있나 하는 생각이 들기도 한다. 하지만 믿음을
가져야 한다. 삶의 의미와 목적은 주어진 환경에 대한
나의 반응으로 만들어진다는 것을 기억해야 한다.


## 예배드림이 기쁨인 삶

2014년 4월 21일, 둘째 세진이가 먼저 하나님 나라로
갔다. 어렸을 적부터 아비를 이겨 보겠다고 그토록 애를
쓰더니 짧은 인생이지만, 불꽃같은 삶을 살다가 천국도
먼저 간 것이다.

"주일은 일주일 중 가장 소중한 날인 주일"(Sunday, the
most precious day of the week).

2014년 4월 20일, 부활 주일을 마치고 다음 날
아침에 둘째가 페이스북(Facebook)에 썼던 글이다.

주일과 교회는 둘째의 삶에 중요한 의미가 있었다. 한 주간의 삶을 마무리하고, 또 다른 한 주를 살아갈 힘을 얻는 시간이었다.

세진이의 주중 일과는 이랬다. 월요일에 직장에서 퇴근한 후 청년들과 스카이프로 성경 통독을 하고, 화요일에는 VCBMC(그리스도인 직장인 모임) 수요일은 수요예배, 목요일은 노숙자 전도, 금요일은 청년부 리더 성경공부를 했다. 둘째는 그렇게 살았다. 그렇다고 직장 일을 소홀히 한 것도 아니었다. 2013년 업무평가에서 최고 등급을 받았다고 무척 좋아했다. 둘째의 장례식 때 회사 대표가 와서 세진이가 후에 리더로서 회사를 이끌어 갈 것이라 기대했는데 아쉽다고 말했다.

아들에게는 주일 예배가 그 모든 것을 감당할 힘의 근원이었다.


주께 와 엎드려 경배 드립니다
주 계신 곳엔 기쁨 가득
무엇과도 누구와도 바꿀 수 없네
예배드림이 기쁨됩니다
　　　　　　　- CCM 〈주께 와 엎드려〉 중에서

이사야가 하나님의 영광을 보고 사명자가 된 것처럼,
세진이도 매 주일 성전에 가득한 하나님의 영광을,
온 땅에 충만한 하나님의 영광을 보았기에 숨이 턱에
차도록 열심히 산 것이다. 예배는 하나님의 임재를
경험하고, 이 땅에 가득한 하나님의 영광을 바라보는
시간이다.

아들을 통해 예배의 소중함을 배웠다. 그리고
세속화된 사회 속에서 교회를 중심으로 한 생활이
가져다주는 삶의 힘(power) 또한 다시금 보게 되었다.
하나님의 영광이 회복의 시작이다. 하나님의 영광을
체험하여야 한다.

아들의 삶에 변화가 일어난 것은 영국의
워릭대학교(University of Warwick)에 다닐 때였다.
하루는 친구와 함께 캠퍼스를 걷고 있는데, 노숙자가
세진이에게 다가와 한 끼를 위한 돈을 구걸했다.
세진이는 햄버거를 사 주며 그와 이야기를 나누었는데,
노숙자는 다음날 구직 면접(job interview)이 있다며
면도와 샤워를 할 수 있도록 돈을 달라고 했다.
세진이는 그 사람이 진심으로 거리 생활에서 벗어나고
싶어 한다고 느꼈다. 그래서 그를 위해 깨끗한 옷과
면도용품을 사 주고, 그의 임시 숙박소 비용도 대신

내주었다.

세진이는 고등학교 졸업한 이후로 부모 도움 없이 스스로 학비를 조달하며 공부하고 있었다. 세진이에게는 적지 않은 돈이었지만, 그를 위해 자신의 통장에 있는 돈 전부를 기꺼이 털었다.

그리고 몇 년 후 런던에서 직장 생활하던 어느 날 퇴근 후 집에 가려고 지하철을 기다리는데, 자꾸 마음속에서 지금 오는 기차를 타지 말고 다음 차를 타라는 음성이 들렸다고한다. 그래서 다음 차를 타고 자리에 앉았는데, 옆에 있던 사람이 자기가 원래는 노숙자였는데, 지금은 취직해서 직장 생활을 하고 있으며 기도 모임에 가는 중이라고 이야기하더라는 것이다.

다음은 2013년 9월 13일에 아들이 페이스북에 올린 글이다.

방금 성령께서 이끄신 일에 간증하고 싶습니다. 방금 경험한 일 때문입니다. 집으로 돌아가는 길에 나는 킹스 크로스역(Kings Cross Station)을 향해 가는 지하철에 발을 들였습니다. 그런데 특별한 이유도 없이 마음이 불안해져서 다른 칸으로 옮겼습니다. 이런 일이 두세 번 반복되었고, 결국 내 마음이 평안해지는 자리에 앉게 되었습니다. 이런 경험은 처음이었습니다.

열차가 출발했고, 내 왼쪽에 앉아 있던 자말(Jamal)이 말을 걸어와 언젠가 함께 기도 모임에 가자고 초대했습니다. 나도 그리스도인임을 말했고, 그가 어떻게 예수를 믿게 되었는지 물었습니다.

그는 1년 반 전까지 마약 중독에 빠진 노숙자였으나 하나님을 만났고, 하늘에 계신 우리 아버지 안에서 위로를 찾았다고 했습니다. 그의 간증에 깊이 감동하였습니다. 그는 복음 안에서 진리를 발견했다고 했습니다. 또한, 그는 예수님의 가르침을 실천해 보니 거짓이 없었고, 말씀 안에 능력이 있음을 부인할 수 없었다고도 말했습니다. "여호와의 선하심을 맛보아 알지어다"(시 34:8)라는 말씀처럼, 그는 직접 시험해 보고 체험한 사람이었습니다. 자말은 내게 참된 믿음이란 '행동하는 믿음'이라고 말했습니다.

그리고 지난 며칠 동안 저와 대화를 나눈 사람들은 최근에 제가 이 주제에 많은 도전을 받고 있었다는 것을 이미 알고 계실 것입니다. 이것은 결코 우연이 아니었습니다. 나는 그에게 평소에도 이런 식으로

사람들에게 다가가는지 물었고, 그는 당연한 듯이
예수님의 마지막 명령에 관해 이야기해 주었습니다.
나는 주님께서 서로를 격려하라고 이 형제를 내게
인도해 주셨다고 확신합니다.

나는 그에게 작은 선물로 마틴 루터 킹(Martin Luther King)의 설교집을 건넸습니다. 그는 마틴 루터 킹을 잘 몰랐기에, 내가 하나님과 기도의 사람이며, 움직일 수 없을 것 같던 불의와 차별의 산을 옮긴 사람이라고 설명해 주었습니다.

나는 우리 아버지께서 그와 내게 모두 큰 계획을 가지고 계시다고 믿습니다. 우리는 서로 연락처를 교환했고, 짧지만 복된 교제를 허락하신 주님께 함께 감사를 드렸습니다. 지금 나는 이 글을 쓰며, 주님의 영광에 압도되어 있습니다. 모든 이에게 평화가 있기를 바랍니다.

물론 자말이 전에 도와준 그 노숙자는 아니었지만, 아들은 자신이 몇 년 전에 한 일의 열매를 그 사람을 통해 보았다.

그리고 천국에 갈 때까지 매주 목요일 트라팔가 광장(Trafalga Square)에 가서 자기가 산 ESV 성경(English

Standard Bible)을 나눠 주고, 유기농을 파는 홀푸드
마켓(whole food market)에서 음식을 사 주면서
노숙자들에게 복음을 전했다.


### 셋의 족보에서 위로받다

지금 내가 하는 일이 때로 회의가 들기도 하지만,
하나님은 우리 삶을 보시고, 기억하심을 잊지 말자. 그
덕분에 훗날 하나님 앞에 설 때, 우리는 자기가 했던 일의
열매를 보게 될 것이다. 우리는 믿음을 가지고 각자에게
주어진 삶이라는 퍼즐을 담담하게 맞추어 가면 된다.

뒤처져지는 것같이 느껴지는 우리에게 주님은
가인과 셋의 족보를 통해 우리에게 위로를 주신다.
가인과 셋의 족보를 보면 가인의 집안은 성을 만들고
도시를 형성하고 문화를 일으켰다. 셋의 집안을 낳고
살고 죽는 내용밖에 없다. 가인의 집안이 훨씬 더
화려하다. 하지만 가인이 쌓았던 화려함은 다 사라져
버렸고 셋의 자손은 새로운 역사를 만들었다.

둘의 차이를 보여 주는 것이 에녹이다. 가인의
아들 에녹은 성을 만들고 도시를 형성하고 자신의

이름을 내었지만, 셋의 후손 에녹은 낳고 사는 동안 하나님과 동행하였다. 가인이 성을 쌓을 때, 에노스는 예배하였다.

"셋도 아들을 낳고 그의 이름을 에노스라 하였으며 그 때에 사람들이 비로소 여호와의 이름을 불렀더라"(창 4:26). 이 차이가 두 집안의 결과를 전혀 바른 방향으로 이끌었음을 보아야 한다.

하나님을 예배하는 삶이 새 역사를 만든다. 왜 이 길을 가야 하는지 회의가 들 때, 셋의 족보를 통해 위로와 도전을 받았으면 한다.

120년간 망치질하던 노아를 기억하자. 우리가 무슨 큰일을 해야 한다는 그런 강박 관념도 버리자. 무화과나무 아래 앉아 있던 나다나엘을 보신 주님이 하루하루 힘겹게 살아가는 우리를 보신다. 그리고 말씀하신다. "이는 참으로 이스라엘 사람이라"(요 1:48).

20대의 나로 돌아갈 수 있다면, 이렇게 말해 주고 싶다. "괜찮아. 잘하고 있는 거야. 비교하지 말고, 너답게 뚝딱뚝딱 뚝딱뚝딱 망치질하며 살아가면 되는 거야."

가인의 집안을 부러워하지 말라. 가인의 집안은 성을 만들고 도시를 형성하고 문화를 일으켰다. 셋의 집안을 날고 살고 죽는 내용밖에 없다. 하지만 가인이 쌓았던 화려함은 다 사라져 버렸고 셋의 자손은 새로운 역사를 만들었다.

"나는 예수님을 믿고 구원받았다는 사실이 너무 기뻐."

둘째가 세상을 떠나기 전에 부활절 예배를 마치고, 친구와 마지막으로 통화하면서 한 이야기다. 나의 평생에 가장 복된 일은 내가 예수님을 만난 것이라. 그렇다. 이것이 우리의 고백이 되어야 한다.

지금 내가 하는 일에 때로 회의감이 들 수도 있다. 그러나 120년간 뚝딱뚝딱 망치질하며 살았던 노아처럼 믿음을 가지고 나에게 주어진 삶이라는 퍼즐을 담담하게 맞추어 가자.

## 나의 결심 고백하기

하나님은
유명하고 화려하지 않은
제 삶에 주목하십니다


회의가 들 때마다
옆에 계신 하나님을
기억하겠습니다

# 노력해도 변하지 않을 때
# 열왕기하 5:1-14

# 6

## 오늘의
## 작은 순종이
## 내일을 바꾼다

○
○
○

교회만큼 꿈 혹은 비전이라는 말을 많이 사용하는 곳도 드문 것 같다. 교회에서 청소년기와 청년기를 보내면서 가장 많이 들었던 말이 꿈과 비전이다. "내 꿈은 -입니다. 내 비전은 -입니다"라고 꿈과 비전 이야기를 계속했지만, "내 인생이 별로 달라지지 않더라"라는 말도 들었다.

제프 헤이든(Jeff Haden)은 《스몰 빅》(Small Big)에서 "무엇인가 이루고자 한다면 목표가 아니라 목표에 대한 접근법에 집중해야 한다"라고 말한다. "크게 생각하고, 작은 것부터 시작하라!"(Think big, start small!)라는 말이 있다. 꿈이 아무리 커도 어딘가에서부터 시작해야 한다는 뜻이다. 제프 헤이든은 커다란 목표를 말하기보다 눈앞의 작은 단계에 집중하는 것이 중요하며, 이렇게 작은 성공을 쌓아 가다 보면 마침내 자신이 원하는 것을 얻을 수 있다고 강조한다.

　김밥은 잘라서 먹지 통으로 먹지 않는다는 말처럼, 한 번에 이루어지는 일은 없다. 오늘의 작은 걸음이 내일을 바꿀 수 있다.


## 하나님의 백성은 왜 망했는가?

'열왕기'는 '왕들'이란 뜻의 히브리어 멜라킴(מְלָכִים)에서 비롯되었다. 영어 성경은 히브리어를 따라 열왕기의 제목을 'Kings'라고 했다. 우리는 열왕기를 역사서로 분류하는데, 히브리인들은 열왕기를 '전기 예언서'로 본다. 그 이유는 열왕기가 역사를 신학적 관점에서, 즉 왕들의 역사를 하나님과의 관계에서 바라보기 때문이다. 열왕기를 신명기적 사관으로 기록되었다고 하는 것도 이러한 맥락이다.

　구약 성경에서 이스라엘 왕들의 역사를 기록한 책이 두 권 있다. 하나는 열왕기이고, 다른 하나는 역대기다. 열왕기와 역대기를 읽다 보면 같은 시대를 설명하는 방식이 조금 다른 것을 볼 수 있다. 동일한 시대에 일어난 일을 다루지만, 같은 사건을 다른 관점으로 기술하는데, 이는 두 책의 저술 시기와 밀접한 관련이 있다.

열왕기는 유대 민족이 바벨론에 멸망 당한 후에 기록되었다. 제사장 나라이자 거룩한 백성이었던 유대 민족은 바벨론에 의해 멸망하게 되자 "왜 하나님의 백성이 망했을까?"라는 질문을 던지면서 자신들의 역사를 되돌아보았다. 그리고 그들이 멸망한 이유가 하나님께 죄지었기 때문임을 깨닫게 된다. 즉 하나님의 언약에 신실하지 못했음이 실패 요인이었음을 깨닫고, 언약이라는 관점에서 자신들의 지난 역사를 회고한 것이다. 그래서 학자들은 열왕기를 신명기적 사관으로 기록되었다고 말한다.

반면에 역대기는 열왕기보다 1세기 늦은 시점에 기록되었다. 그들의 과제는 어떻게 하면 새로운 공동체를 만들어 갈 수 있을까였다. 정통성이 중요했기 때문에, 북이스라엘의 역사를 기록하지 않고 남유다의 역사만 기록했다. 열왕기가 역대 왕들의 죄를 폭로한 것에 반해, 역대기는 백성들에게 자부심을 심어 주고자 모범적이고 본받을 만한 왕들의 역사를 기록하였다.

즉 열왕기가 반성의 역사라면 역대기는 본보기의 역사라고 할 수 있다. 이러한 차이 때문에 열왕기는 선지자적인 관점에서 그리고 역대기는 소망을 바라보는 제사장적인 관점에서 역사를 바라보았다.

열왕기의 이러한 특징을 고려하면서 나아만 장군의 이야기를 살펴보자. 나아만 장군이 요단강에서 깨끗함을 받은 이야기는 우리에게 너무 잘 알려진 이야기다. 아람에 나아만이라는 장군이 있었는데, 문둥병자였다.

어느 날 이스라엘에서 포로로 잡혀 온 여종 하나가 나아만 장군의 부인에게 엘리사를 찾아가면 고침을 받을 수 있다고 말한다. 여종의 말을 들은 나아만 장군의 부인은 남편에게 이 사실을 고했고, 나아만 장군은 그 말을 듣고 엘리사 선지자를 찾아간다. 하지만 엘리사 선지자는 그를 직접 만나지도 않고 사람을 보내 요단강에 가서 몸을 일곱 번 씻으라고 말할 뿐이다. 그 말을 들은 나아만은 불쾌해하며 돌아가려는데, 종들이 그에게 엘리사의 말대로 할 것을 강권한다. 결국, 나아만은 요단강에 들어갔고 고침을 받았다는 것이 본문의 줄거리다.

이 사건에서 우리가 주목해야 할 점은 "왜 하나님의 백성이 망했을까?"라는 질문에 대답하기 위해서 열왕기를 기록한 기자는 이 사건을 왜 열왕기에

포함했는가다. 단지 하나님이 기적을 행하시어
나아만의 병이 나았다는 것을 보여 주기 위해
기록했을까?


## 크고 존귀한 자와 어린 소녀

제대로 이해하기 위해서는 열왕기의 전체적인 구조
속에서 이 사건이 갖는 의미를 살펴보아야 한다.

    나아만 장군이 고침을 받는 이 사건에서 우리가
주목해야 할 점은 큰 것과 작은 것의 대비다. 큰 것과
작은 것의 대비는 본문의 이야기를 해석하는 중요한
해석학적 열쇠로 작용한다.

    성경은 나아만 장군을 다음과 같이 소개한다.
"아람 왕의 군대 장관 나아만은 그의 주인 앞에서
크고 존귀한 자니 이는 여호와께서 전에 그에게
아람을 구원하게 하셨음이라 그는 큰 용사이나
나병환자더라"(왕하 5:1). 아람은 기원전 8-11세기에
지금의 시리아 지역에 있었던 아람인들의 도시 국가를
말한다. 다윗 왕 시절에 아람은 이스라엘에 패해
조공을 바치는 나라였다. 하지만 솔로몬 이후 남유다와

북이스라엘로 나누어진 틈을 타 국력을 회복했다. 고대 이스라엘 역사에서 아람은 앗수르와 바벨론 등 메소포타미아 문명의 제국들과 맞서는 강력한 민족으로 등장한다. 당시 강력한 힘을 가졌던 아람에 나아만이라는 사람이 있었다.

"크고 존귀한 자"라는 표현은 나아만 장군이 고침을 받는 사건을 이해하는 데 크고 작음이 아주 중요한 역할을 한다는 것을 보여 준다. 나아만은 큰 자였다. 그런데 그런 큰 자에게 문제가 하나 있었으니, 그것은 나병이었다.

1절은 나아만을 "그는 큰 용사이나 나병환자더라"라고 소개한다. 그리고 바로 이어서 어린 소녀를 등장시킨다.

2절을 보자. "전에 아람 사람이 떼를 지어 나가서 이스라엘 땅에서 어린 소녀 하나를 사로잡으매 그가 나아만의 아내에게 수종들더니" 어린 소녀 하나를 잡기 위해 이스라엘에 간 것이 아니라 포로 중에 소녀 하나가 있었던 것으로 보는 것이 맞다. 내용상 여종이라고 해도 상관없어 보인다. 그런데 본문은 그냥 여종이라 하지 않고 "어린 소녀"라고 말한다. 열왕기 기자는 의도적으로 큰 나아만과 어린 소녀를 대비시킴으로써, 크고 작음이라는 구조로 이야기를 전개한다.

이스라엘 땅에서 잡혀 온 여종은 나아만 장군이 문둥병에 걸린 것을 알고, 나아만의 아내에게 엘리사 이야기를 한다. "그의 여주인에게 이르되 우리 주인이 사마리아에 계신 선지자 앞에 계셨으면 좋겠나이다 그가 그 나병을 고치리이다 하는지라"(왕하 5:3).

여종으로부터 엘리사의 이야기를 들은 나아만의 아내는 이 사실을 남편에게 말했고, 남편은 다시 이 사실을 왕에게 알렸다. 당시 문화에서 정말 보잘것없는 여종의 말이 나아만 아내와 나아만 그리고 왕에게 전달된다는 것은 상상도 못 할 일이었다. 나아만의 병세를 언급한 것만으로도 어쩌면 나아만의 아내나 나아만에 의해 처벌당할 수도 있었다. 나아만이 앓고 있는 지병은 나라의 전략적 기밀 사항이었을 것이다. 그런데 여종의 말은 결국 왕에게 전달된다.

나아만의 말을 들은 아람 왕은 은 10달란트와 금 6,000개와 의복 10벌을 가지고 가라고 한다. 이스라엘 왕에게 호의를 보이기 위함이었다. 그런데 이스라엘 왕은 아람 왕의 편지를 받고 두려움에 떨었다. "이스라엘 왕에게 그 글을 전하니 일렀으되 내가 내 신하 나아만을 당신에게 보내오니 이 글이 당신에게 이르거든 당신은 그의 나병을 고쳐 주소서 하였더라 이스라엘

왕이 그 글을 읽고 자기 옷을 찢으며 이르되 내가 사람을
죽이고 살리는 하나님이냐 그가 어찌하여 사람을 내게로
보내 그의 나병을 고치라 하느냐 너희는 깊이 생각하고
저 왕이 틈을 타서 나와 더불어 시비하려 함인 줄 알라
하니라"(왕하 5:6-7).

이스라엘의 왕은 이를 전쟁의 빌미로 생각한 것이다.

이 소식을 들은 엘리사는 나아만을 자기 집으로
오게 한다. 나아만이 말들과 병거를 거느리고 엘리사의
문 앞에 섰는데, 엘리사는 나오지 않고 종이 나와
요단강에서 7번 몸을 씻으면 낫겠다는 말을 전한다.

나아만은 분개했다. 아람의 장군이 왔는데 일개
선지자가 직접 나오지도 않고 종을 시켜 말을 전한 것도
모자라, 종이 전한 메시지라는 것이 요단강에서 7번
몸을 씻으라는 것이 전부였다.

이 이야기에서 우리가 주목해야 할 부분이 있다. 바로 큰
것과 작은 것의 대비다.

큰 자 나아만과 어린 소녀의 대비에 이어 다메섹의
아바나, 바르발과 요단강이 대비된다. 아바나는 헤르몬
산 북동쪽에서 발원하여 다메섹을 지나가는 큰 강이다.
바르발 역시 큰 강이었다. 반면에 요단강은 아바나와

바르발과 비교할 수 없는 작은 강이었다.

더 결정적인 비교는 14절에 나온다. "나아만이 이에 내려가서 하나님의 사람의 말대로 요단강에 일곱 번 몸을 잠그니 그의 살이 어린아이의 살 같이 회복되어 깨끗하게 되었더라"

어른 나아만의 살은 요단강에 들어가 7번 씻고 나니 어린아이 살처럼 회복되었다. 여기서도 크고 작은 대비가 나온다. 그다음 이어지는 15절에서 크고 존귀한 나아만은 자신을 가리켜 "종"이라고 칭한다.

이제 나아만 장군의 이야기가 열왕기에서 어떤 의미가 있는지 생각해 보자. 앞에서 열왕기의 관심은 "왜 하나님의 백성이 망했을까?"라고 했다. 나아만 장군 이야기는 이 질문에 대한 답이다.

### 시간이 쌓여서 역사가 된다

이스라엘의 실패 요인이 무엇인가? 하나님은 그들을 향해 "제사장 나라가 되며 거룩한 백성이 되리라"(출 19:6)라고 말씀하셨다. 그들은 가나안 땅에 들어가면 엄청난 일이 일어날 것이라고 기대했다. 하지만

가나안에서의 삶은 크고 화려한 것을 꿈꿨던 그들의
기대와 달랐다.

나아만처럼 극적이고 거창한 변화를 원했을지도
모른다. 자신이 바라는 대로 일이 진행되지 않자 실망한
나아만처럼, 이스라엘도 그들의 기대와 다른 가나안의
삶에 실망했을지도 모른다.

가나안은 물이 풍부한 이집트와 달리 산과 골짜기의
땅이었다. 그 땅은 비를 저장하지 못하는 산과 골짜기의
땅이었다. 그런데 성경은 왜 그 땅을 "젖과 꿀이 흐르는
땅"(신 26:9)으로 묘사했을까? 비록 그 땅이 척박하지만,
그곳에서 이스라엘 백성들이 하나님의 말씀을 청종하고
살아가면 하나님이 이른 비와 늦은 비를 적절하게 부어
주셔서 그 땅을 풍요롭게 하시기 때문이다.

이스라엘은 기적을 원했다. 하지만 하나님은
이스라엘이 자신이 곧 기적임을 알기를 원하셨다.
그들은 비록 약한 존재이지만, 하나님의 말씀대로
살아간다면 작은 자로되 천명을 이기는 사람이 됨을
알기를 원하셨다.

여호수아서에 앞서 등장하는 것이 신명기다.
하나님의 말씀대로 살아갈 때 그들이 어떤 삶을 살
것인가를 말씀해 주셨다. 앞에서 열왕기는 신명기적

사관으로 기록되었다고 말했다. 하나님의 말씀에 순종함이 인생의 성패의 중요한 요인이라는 것을 강조하기 위해서 이스라엘의 역사를 재구성한 것이 열왕기다. 그 열왕기를 기록하면서 열왕기 기자는 나아만 장군의 이야기를 중간에 삽입한 이유가 무엇인가?

스가랴서는 포로 귀환 이후 성전 재건하는 시기에 기록되었다. 스가랴는 학개와 같은 시대에 활동했던 선지자로 이스라엘 백성들이 하나님의 관점으로 자신의 삶을 볼 수 있도록 노력을 기울였다. 스가랴서도 열왕기와 마찬가지로 신명기적 사관과 밀접한 관계가 있다.

스가랴서는 하나님이 이스라엘 백성들에게 뜻을 두셨으며, 비록 이스라엘이 걸어가는 길이 좁고 어려운 길이지만, 하나님의 은혜로 결국 그 목적지에 도달할 수 있음을 보여 주었다.

스가랴서의 핵심 메시지는 4장이다. 스가랴는 7절에서 "큰 산아 네가 무엇이냐 네가 스룹바벨 앞에서 평지가 되리라"라고 한 후에 다시 10절에서 "작은 일의 날이라고 멸시하는 자가 누구냐 사람들이 스룹바벨의 손에 다림줄이 있음을 보고 기뻐하리라"라고 말한다. 큰 산이 평지가 되는 일은 커다란 일이다. 그런데 그렇게 커다란 일이 일어나기 위해서는 작은 일을 감당해야 한다. 커다란 일을 커다란 일처럼 하는 것은 누구나 한다. 우리에게 필요한 것은 작은 일을 커다란 일처럼 하는 것이다.

포로 시기에 쓰인 구약 성경 가운데 다니엘서가 있다. 다니엘서의 메시지 역시 언약의 신실함에 있다. 앞에서 바벨론에서 포로로 보낸 70년은 이스라엘 백성으로 언약이라는 관점에서 지난 자신들의 역사를 회고하게 했다고 말했다. 다니엘서도 마찬가지다. 다니엘은 그 포로기의 상황을 회고하면서, 독자들이 지금 당하고 있는 고통과 아픈 현실에 낙망하지 말고, 하나님이 그들을 회복하실 날이 있음을 말했다. 포기하지 말아라. 언약에 신실하게 살아가면 하나님이 회복시키실 것이다. 그리고 세상에서 말하는 순리, 세상의 기준, 세상의 가치에 흔들리지 말고, 믿음을 갖고 살아갈 것을 말하고 있다.

다니엘의 현실을 보자. 나라를 빼앗겼다. 그리고 '바벨론의 신인 벨이시여! 그의 생명을 보존하소서!'란 뜻의 '벨 드사살'로 불리며 이름도 빼앗겼다. 꿈도 빼앗겼다. 그 암담한 현실 속에서 다니엘이 한 일은 왕의 진미와 포도주를 먹지 않기로 결단한 것이다. 바벨론이 아닌 언약을 지키기로 한 것이다. 그리고 하루에 세 번씩 기도했다. 바벨론이 다른 것은 다 빼앗아 갔어도 그의 기도 시간을 빼앗지는 못했다. 말씀을 묵상하는 시간을 빼앗지는 못했다.

나라가 회복되는 일, 개인이 회복되는 일은 큰일이다. 그 일에 비해서 기도는 작게 보일 수 있다. 말씀을 읽고 말씀대로 살아가는 일이 작게 보일 수 있다. 하지만 그 일들이 모여서, 그 시간이 모여서 큰일을 이루는 것이다. 시간의 무서움을 알아야 한다. 기도의 시간이 쌓여서 역사가 일어난다. 말씀의 시간이 쌓여서 변화가 일어난다.

## 기도가 쌓여서 기적을 일군다

케냐에서 사역하는 임은미 선교사가 있다. 몇 년 전부터 임은미 선교사의 큐티를 읽으며 하루를 시작하고 있다. 그녀의 큐티를 듣다 보면 어떻게 매일 그런 기적의 삶을 살 수 있느냐는 생각이 든다. 영국에 조지 뮬러(George

Müller)가 있다면, 한국에는 임은미 선교사가 있다고 할 정도로 그녀는 기도의 놀라운 능력을 날마다 체험하고 있다. 비결이 뭐냐는 질문을 받을 때마다 그녀는 "30년 동안 하루도 빠지지 않고 큐티를 했기 때문이에요"라고 대답한다.

지난 2024년 2월 총신대학교 신학과 학생들을 데리고 인도와 태국 단기 선교를 다녀왔다. 인도에서의 일주일은 서울에 있는 한 여자대학교와 인도 카르나타 주에 있는 한 대학과 함께 마이소르(Mysore)라는 곳에서 2시간 떨어진 시골 마을에 가서 아이들에게 디지털 리터러시와 백드롭 페인팅을 통해 자신의 꿈을 그려 보게 하는 프로그램을 진행했다.

인도는 공식적으로 외국인이 복음을 전할 수 없다. 게다가 현 정권이 강한 힌두 정권이라 지난 수년간 박해도 많았다. 인도 단기 선교를 준비하면서 함께 프로그램에 참여하는 힌두 학생들과 한국 학생들에게 복음을 전할 기회를 달라고 하나님의 살아계심을 보여 줄 수 있게 해 달라고 기도했다.

단기 선교 66일 전부터 이사야서를 한 장씩 함께 묵상하면서 기도로 준비했다. 선교지에서도 매일 저녁 함께 모여 2시간 이상 예배드리며 기도했다. 단기

선교를 다니면서 느끼는 것은 이러한 기도의 시간이
쌓이면 엄청난 힘이 된다는 것이다.

인도에서의 일정을 마무리하는 날 함께 참여한 모
여대의 학생 한 명이 장염이 나서 일정에 참여하지
못했다. 현지에서 약을 구해 먹었지만, 효과가 없었다.
저녁을 먹고 공항으로 출발하려고 식당을 나서는데,
식사를 못 한 채 혼자 식당 앞 의자에 앉아 있는 학생이
보였다. 하나님이 내게 그 학생을 위해 기도하라는
마음을 주셨다. 눈이라도 마주쳐야 말을 걸고 기도해도
되겠냐고 물을 수 있는데, 그 학생은 고개를 푹 숙이고
있었기에 주위만 빙빙 돌고 있었다. 교회도 안 다니는
학생에게 바로 가서 "예수님의 이름으로 기도하노니
병이 날지어다"라고 했다가 깜짝 놀라 도망가면 어쩌지
하는 이런저런 생각에 시간이 흘러갔다.

기사가 버스에 탑승하라고 말하는데, 하나님이
"그래도 기도 안 할 거야?"라고 강력하게 말씀하셨다.
그래서 학생에게 다가가 "혹시 내가 기도해 줘도
될까요?"라고 조심스레 물어보았더니 "네"라고
대답하였다. 학생에게 다가가 작은 목소리로 간단히
기도했다. 그런데 기도하는 내내 눈물이 났고, 하나님이
고쳐 주셨다는 확신이 들었다. 하나님이 학생을 고쳐

주셨다고 이야기하자니 학생 반응이 조심스럽기도 하고 그래서 500루피를 주면서 공항 스타벅스에서 커피를 마실 수 있을 거라고 말했다.

그날 총신대학교 학생들은 인도를 떠나 태국으로 이동했고, 타 대학 학생들은 한국으로 귀국했다. 태국에 도착한 다음 날 그 학생으로부터 문자가 왔다. "교수님 감사해요. 스타벅스에서 커피 맛있게 마셨어요."

한 달 후 양교 학생들이 함께 뒤풀이했는데, 그 학생이 인도에서 일정 중 가장 기억나는 일이 교수님이 나를 위해 기도해 준 것이었다고 말했다. 그날 저녁 그 학생은 총신대 학생들과 함께 하남에 있는 혜림교회 금요 예배에 참여했다. 그 이후 학생이 교회에 등록해서 다니는지는 확인하지 못했지만, 적어도 하나님의 살아계심을 체험하게 된 것은 확실했다.

인도에서 이런 일도 있었다. 함께 프로그램에 참여한 대학의 콘서트홀에서 한국 대학생과 현지 대학생들의 특별 공연이 있었다. 그 대학은 가톨릭 재단에서 설립한 학교로 총장과 부총장만 신부이고, 나머지는 힌두교 교수들로 구성된 힌두교 학교였다.

그 행사를 위해서 박광식 색소포니스트와 여근하

바이올리니스트도 함께 인도로 갔는데, 연주곡으로
클래식과 찬양곡을 준비했다. 찬양은 가사가 없어서
문제가 되지 않았다.

문제는 총신대 학생들의 공연이었다. 총신대
학생들이 K-POP에 맞추어 태권도 공연을 하고 CCM
음악으로 워십을 준비해 갔다. 리허설을 하려고
MR을 틀었는데, 학생들이 준비한 곡이 〈Awesome
God〉(나의 주 크고 놀라운 하나님), 〈Way Maker〉(길을
만드시는 분)였다. 인도가 영어권이라는 사실을 깜빡한
것이다. 염려되었지만, 갑자기 곡을 바꿀 수는 없었다.
음향 실에서 학생들과 함께 아무 탈 없이 진행되도록
기도했다. 감사하게도 공연은 잘 마무리되었다.

그런데 공연이 끝나고 나서 한 여학생이 내게 오더니
눈물이 글썽한 채로 '고맙다'라고 말했다. 아마도 숨은
그리스도인인 것 같았다. 그곳에서 찬양을 들었으니
얼마나 힘이 되었을까?

## 말씀의 시간이 쌓여서 변화가 일어난다

하나님의 일하심은 참 놀라우신 것 같다. 3개 대학 연합 프로그램을 진행하기 전 총신대 학생들과 혜림교회 청년들이 이틀간 혜림교회에서 파송한 인도인 선교사님이 사역하시는 곳을 방문하였다.

선교사님은 힌두교 마을에서 그리스도인 몇 가정하고 소규모 기도처를 운영하시고 있었다. 저녁에 마을 사람을 모아 놓고 공연을 통해서 교회를 홍보하는 프로그램을 기획했다. 대학에서 한 것과 똑같은 공연을 하고, 학생 한 명이 영어로 5분 정도 복음으로 초청하는 시간을 가졌다. 외국인이 공식적으로 전도할 수 없는 나라라서 메시지 전하는 것이 조심스러웠다.

그런데 공연 중 현지인 반응이 뜨거워지자 설교를 맡은 종혁이가 약간 고무가 된 듯이 보였다. 메시지를 전하다가 갑자기 "여러분! 힌두교는 다신교를 믿는데, 이것은 다 우상입니다"라면서 강력한 선포를 하기 시작했다. 폭동이 일어날까 봐 정말 염려되었다. 그래서 리더들과 함께 무대 뒤로 가서 하나님께 기도했다.

감사하게도 설교에 대한 반발은 없었다. 사실 학생이 영어로 설교했지만, 현지인 선교사님이 힌디어로 통역을 해 어떻게 전달했는지는 확실히 알지 못한다.

흥미로운 것은 사람들이 학생들에게 다가와 사진을 찍자고 할 정도로 우리의 공연을 좋아했고, 심지어는 사진을 찍기 위해 출발하는 버스까지 달려왔다는 것이다. 다음에 또 와 달라는 말도 했다. 아마도 메시지 전하는 시간은 선교사님께 더 도전되는 시간이었을 것이다.

후에 선교사님으로부터 선교사님과 교회 성도들이 힘을 받았고 담대할 수 있는 계기가 되었다는 연락을 받았다. 학생이 순간적으로 감동하여 즉석에서 치기 어린 메시지를 전했는데, 하나님은 오히려 그것을 현지인들이 담대하게 복음을 전할 수 있는 계기로 만드셨다.

하나님은 우리가 인도로 가기 전 기도했던 함께 참여한 대학의 비기독교인 학생에게 하나님을 전할 수 기회를 달라고 한 것과 현지 대학생들이 우리를 통해 하나님을 볼 수 있도록 해 달라는 기도를 다 응답해 주셨다.

인도에서의 일정을 마치고 태국으로 갔다. 태국에서 3일째 되는 날, 퇴역한 3성 장군의 집에서 예배를 드렸다. 이날 예배는 두 부부가 자신의 집을 예배 처소로 드리는 예배였다. 식사 후 예배를 드리기로 했는데,

식사가 시작할 무렵 함께 참여한 바이올리니스트 여근하 교수가 몸이 아파 연주를 못 할 지경에 이르렀다. 3성 장군 부인이 기도하며 쉴 수 있도록 방을 내주었다. 여 교수는 내게 예배가 시작될 때 연락해 주면 내려가겠다고 하고 침대에 누웠다.

　식사를 마치고, 두 분의 간증을 듣는데 눈물 없이는 들을 수 없는 감동적이면서 가슴이 아픈 사연이었다. 그 이야기를 듣느라 여 교수에게 내려오라고 연락하는 것을 깜빡 잊어버렸다. 간증 이후 찬양하고 기도하는 시간을 가졌는데, 여근하 교수가 어느새 내려와 함께 연주하고 있었다. 나중에 여 교수의 이야기를 들으니, 방에 누워 있는데 갑자기 밖에서 문을 두드리는 소리가 나서 일어나 문을 열어 보니 아무도 없었다고 한다. 그런데 갑자기 통증이 싹 사라지더니 밖에서 찬양하는 소리가 들려와 내려왔다는 것이다.

　"작은 일의 날이라고 멸시하는 자가 누구냐"(슥 4:10). 선교지로 가기 전 66일 동안 이사야서를 묵상하면서 쌓았던 기도의 시간이 모여서 역사가 일어났다. 말씀의 시간이 쌓여서 변화가 일어났다.

## 겨자씨, 하나님 나라의 법칙

내게도 작은 일이 있다. 그것은 순종이다. 나는 기도의
능력이 없다. 그런데 기도하면 하나님이 역사하신다.
그것은 내게 어떤 은사가 있어서가 아니라 순간순간
마음에 떠오르는 도전에 반응했기 때문이라고 생각한다.

하루는 친한 연주자들과 함께 식사하는데, 그 자리에
있던 여근하 교수가 며칠 후 바이올린 연주가 있는데
갈비뼈에 금이 가 걱정이라는 말을 했다. 그 이야기를
듣고 바로 기도했다. 그리고 다음 날 여 교수가 무사히
연주를 마쳤다. 낫고 안 낫고는 나의 몫이 아니다.
그것은 하나님의 영역이다. 내가 할 일은 단지 그 순간
내게 감동이 오는 그대로 순종하는 것이다. 하나님이
우리에게 요구하시는 것은 엄청난 것이 아니다.
하지만 하나님은 우리의 작은 순종을 통해 큰 기적을
일으키신다.

누에는 뽕잎을 먹고 명주실을 뽑아낸다. 뽕잎을
먹어야 명주실이 나온다. 예수님은 천국을 겨자씨에
비유하셨다. 사람들이 생각하는 천국은 크고 화려한
곳이다. 그런데 왜 예수님은 천국을 아주 작은 겨자씨에
비유하셨을까? 작기 때문이다. 사람들은 예수님이

시작하신 하나님 나라 운동이 그들의 기대와 달리 작게 시작되었기에 그 일이 얼마나 큰지 알지 못했다. 하지만 겨자씨는 자라나 큰 나무가 된다.

여기서도 큰 것과 작은 것의 대비가 나오는 것을 본다. 당시 사람들이 실망한 이유가 무엇인가? 제자들이 실망한 이유가 무엇인가? 자신들이 생각하는 방식으로 하나님 나라가 임하지 않아서다. 하지만 겨자씨와 같이 작게 시작한 하나님의 나라는 결국 큰 나무가 된다. 이것이 핵심이다.

큰 변화를 기대하였는가? 큰 변화가 일어나지 않아 실망하였는가? 작은 것부터 시작하자. 말씀을 보고 기도하는 것부터 시작하자.

"거시적으로 인내하고, 미시적으로 속도를 올리라"라는 말이 있다. 사람들은 '30년 후에 무슨 일을 할까'에 매달린다. 30년 후의 꿈을 이루기 위해서는 그날을 바라보며 무엇인가를 준비해야 한다. 대학에서 학생들을 만나 보면, 먼 미래에 관해 이야기하면서도 당장의 시간은 인스타그램이나 틱톡을 보면서 그냥 흘려보낸다.

우리가 기대하는 것은 어쩌면 나아만이 기대한 것과 같이 크고 화려하고 드라마틱한 것일 수 있다.

하지만 하나님 나라의 법칙은 그런 것이 아니다. 작은 겨자씨와 같다. 요단강에 들어가 몸을 씻는 것같이 하찮게 보이는 것일 수 있다. 작게 보여도 한 걸음 한 걸음 믿음으로 나아가자. 이것이 승리의 길이다.

열왕기는 신명기적 사관으로 기록되었다. 신명기적 사관이란 언약에 대한 신실함이다. 신실함을 회복하자. 신명기의 핵심이 무엇인가? "사람이 떡으로만 사는 것이 아니요 여호와의 입에서 나오는 모든 말씀으로 사는 줄을 네가 알게 하려 하심이니라"(신 8:3).

기적이 아니라 말씀이다. 꿈도 중요하지만, 하루하루의 일상이 중요하다. 일상을 믿음으로 살아가는 것이 중요하다. 매일 영적인 루틴을 만들어야 한다. 그러다 보면 점이 모여서 선이 되고, 선이 모여서 면이 되듯이 우리 삶이 바뀔 것이다. 말씀에 순종하는 삶이 하루하루 쌓여가면 메마른 땅이 옥토가 되는 것처럼, 사막에 강이 흐르는 것처럼 우리 삶이 변화될 것이다. 그날을 기대하면서 믿음으로 살아가 보자.

🕯 나의 결심 고백하기

## 나는 작지만,
## 하나님은 크십니다

큰 기적을 바라기에 앞서
작은 일에 먼저
순종하겠습니다

# 타인을 볼 수 없을 때
# 룻기 3:1-18

# 7

마음이 무너질 때
감사하면 생기는 일

○
○
○

다큐멘터리 〈낙타의 눈물〉에서는 몽골 고비 사막에서 어미 낙타가 새끼를 거부하는 장면이 나온다. 출산의 고통으로 일시적으로 모성애를 상실한 어미는 새끼 낙타에게 곁을 주지 않는다. 새끼는 어미에게 다가가 젖을 먹으려고 하지만 어미는 매정하게 뿌리치고 달아난다. 사람들이 아무리 새끼를 붙여 놓아도 어미는 자꾸 새끼를 밀어낸다. 그러자 사람들은 어미를 달래기 위해 몽골의 민속 악기 마두금을 연주한다. 마두금 소리와 노래 그리고 사람들의 따듯한 손길이라는 정서적 자극이 주어지자, 모성애를 회복한 어미는 새끼를 받아들이고, 젖을 먹이기 시작한다. 감정은 단순한 본능이 아니라 외부 자극으로 활성화될 수 있음을 보여 준다.

심리학 이론 가운데 제임스 랑게 이론(James-Lange Theory)이 있다. 이 이론에 의하면 감정은 외부 자극에 대한 반응으로 생긴다는 것이다. 두려움을 예를 들어 보자. 사람들은 본능적으로 무엇인가 자신에게 날아올 때 몸을 피한다. 그리고 두려움은 몸을 피한 다음 심박수가 올라갈 때 느끼게 된다. 우리가 흔히 하는 "나 소름 돋았어. 너무 무서워"라는 말에서도 신체적 변화가 먼저 나오고 감정이 나오는 것을 본다.

이 이론에 의하면 '울기 때문에 슬프고', '웃기 때문에 행복하다'라는 것이다. 낙타의 눈물에서 보았듯이 없는 모성애도 눈물을 흘리는 조건을 만들어 주면 생기는 것처럼, 감사하지 않은 상황이지만, 아니 감사할 수 없는 상황이라도 감사라는 조건을 만들어 주면 정말 감사할 일이 생긴다.


## 범사에 감사함이 필요하다

예수님의 사역을 보면서 발견하는 한 가지 특징은 감사할 일이 일어나기 전에 먼저 감사하셨다는 것이다. 죽은 나사로를 살리시기 전에 돌을 옮겨 놓으라 하신

후, "아버지여 내 말을 들으신 것을 감사하나이다"(요 11:41)라고 기도하셨다. 기적이 일어나기 전에 먼저 감사하셨다. 감사한 일이 일어난 후에 감사한 것이 아니다.

다니엘이 바벨론에서 수상으로 있었을 때 그를 시기하는 사람들이 다리오 왕에게 나아가 앞으로 30일 동안 왕 외에 어떤 신이나 사람에게 무엇을 구하면 사자 굴에 넣어 버리자고 제안한다. 성경을 보면 "다니엘이 이 조서에 왕의 도장이 찍힌 것을 알고도 자기 집에 돌아가서는 윗방에 올라가 예루살렘으로 향한 창문을 열고 전에 하던 대로 하루 3번씩 무릎을 꿇고 기도하며 그의 하나님께 감사하였더라"(단 6:10)라고 기록되어 있다. 감사할 상황이 아니었다. 억울했다. 그럼에도 다니엘은 전에 하던 대로 세 번씩 기도하며 하나님께 감사하였다. 그 결과, 굴에 갇히기도 했다.

그러나 그 결국은 우리가 아는 바와 같이 모함하던 자들이 사자들의 밥이 되고, 다니엘은 다시 회복되었다.

감사는 일의 결과를 보고하기도 하지만 일의 진행 중에 일의 결과를 모름에도 불구하고 하는 것이다. 그것이 믿음이다. 범사에 감사, 이것이 필요하다.

제니스 캐플런(Janice Kaplan)의 《감사하면 달라지는 것들》(The gratitude Diaries)이라는 책이 있다. 그녀는 새해를 맞아 감사하는 마음으로 1년을 살아 보기라는 실험을 시작한다. 그녀는 자신이 가진 것에 비해 불평이나 비교, 당연시하는 태도가 많다는 사실을 깨닫고, 감사를 통해 삶이 어떻게 달라지는지를 직접 경험해 보기로 한다. 감사 일기를 쓰고, 감사를 표현하고, 불평하지 않기, 그리고 부정적 상황을 재해석하기와 같은 것들을 실천하였다. 이러한 실천을 통해 케플린은 감사를 통해 삶의 질과 행복감이 높아지며 타인과의 관계도 회복시킨다는 사실을 깨닫게 된다.

   사람들은 부정성 편향(negativity bias)이 있어서 긍정적인 경험보다는 부정적인 경험을 더 오래 기억하는 경향이 있다. 친구나 동료 혹은 연인과 과의 관계에서 사소한 말다툼이 여러 번의 호의보다 강하고 오랜 시간 기억에 남는 것이나, SNS에서 긍정적인 피드백보다는 부정적인 댓글에 더 민감하게 반응하는 것이 그리고 직장에서 인정과 격려보다는 질책이나 지적이 더 오래 기억되는 것과 같은 것이 부정적 편향성의 대표적인 예다.

   2024년에 아내와 둘이서 이집트를 배낭여행

간 적이 있다. 하루는 이집트의 대표 음식이라는 코샤리(koshary)를 먹기 위해 숙소를 나섰다. 음식도 낯설고, 식당의 퀄리티도 모르니 무턱대고 아무 데나 들어갈 수는 없어 구글에서 맛집을 검색하고 리뷰를 보는데, 한 곳이 평점 4.3이었다. 댓글을 읽다 보니 "엄청나게 맛있다고 하는데, 나에게는 별로였어요. 도저히 못 먹겠더라고요"라고 쓰여 있었다. 그래서 우리는 다른 식당으로 갔다. 나중에 알고 보니 그곳은 이집트인에게는 찐맛집으로 알려진 곳이었다.

문제는 이러한 부정적 경험이 반복되면 불안감이 증가할 뿐 아니라 일상에서 스트레스나 무기력감이 커질 수도 있고, 나아가 지기 효능감의 저하로 이어질 수 있다는 것이다. 부정적인 생각이 습관이 되면 몸은 부정적으로 반응하고, 긍정적인 생각이 습관화되면 긍정적으로 반응한다.

뇌는 반복된 것을 기억한다. "수학은 머리가 아니라 손으로 푼다." 학창 시절 수학 선생님에게서 들은 말이다. 자전거 타기나 운전을 생각해 보자. 처음에는 엄청 신경을 쓰지만, 익숙해지면 저절로 반응하게 된다. 움직임이 뇌를 바꾼다.

스티븐 코비(Stephen R. Covey)는 《성공하는 사람들의

7가지 습관》(The 7 Habits of Highly Effective People)에서 "생각이 바뀌면 행동이 바뀌고, 행동이 바뀌면 습관이 바뀌고, 습관이 바뀌면 운명이 바뀐다"라고 말했다. 그런데 살아 보니 생각만으로 행동이 바뀌지는 않는다. 오히려 행동이 바뀌면 생각이 바뀌는 것을 경험한다.

결국, 행동과 습관을 모두 바꾸는 것이 중요하다.

### 그럼에도 나오미는 불행하다

우리는 환경이 먼저 변화될 것을 기대하지만, 태도가 변하면 환경도 바뀐다. 염려할 상황에서 감사하는 마음으로 기도하면 마음이 평안해진다. 상황에 휘둘리지 않게 된다. 감정은 환경의 산물이 아니다. 평안이 오면, 삶을 대하는 태도가 달라진다.

"아무것도 염려하지 말고 다만 모든 일에 기도와 간구로, 너희 구할 것을 감사함으로 하나님께 아뢰라 그리하면 모든 지각에 뛰어난 하나님의 평강이 그리스도 예수 안에서 너희 마음과 생각을 지키시리라"(빌 4:6-7).

룻기의 주인공은 룻이지만, 룻의 관점에서만 보면 룻기가 주고자 하는 메시지를 놓칠 수 있다. 룻기의 중심 주제는 룻의 시어머니인 나오미와 모압 여린 룻 그리고 보아스의 회복이다. 보아스를 통해서 나오미가 회복되고, 나오미를 통해서 룻이 회복되고, 룻을 통해서 보아스가 회복된다.

사람들은 룻과 보아스의 만남에 있어서 최대 수혜자는 룻이라고 생각한다. 정말 그럴까? 나는 보아스야말로 룻기의 최대 수혜자였다고 본다.

4장에 보면 보아스가 베들레헴의 장로들 앞에서 룻의 기업을 대신 무르겠다고 할 때, 이스라엘의 장로들이 보아스에게 한 말이 상당히 흥미롭다. "여호와께서 이 젊은 여자로 말미암아 네게 상속자를 주사 네 집이 다말이 유다에게 낳아준 베레스의 집과 같게 하시기를 원하노라"(룻 4;12).

이게 무슨 말인가? 보아스는 경제적으로는 여유가 있었던 것 같다. 기업 무를 위치에 있어서 두 번째에 위치할 정도로 부유했다. 하지만 보아스에게 문제가 있었다. 그것은 그에게 아들이 없었다는 점이다. 게다가 보아스는 나이가 많아 자식을 낳기도 어려웠다. "내 딸아 여호와께서 네게 복 주시기를 원하노라 네가 가난하건 부하건 젊은 자를 따르지 아니하였으니 네가 베푼 인애가 처음보다 나중이 더하도다"(룻 3:10).

보아스가 룻이 젊은이가 아닌 자신에게 온 것을 룻이 베푼 "인애"라고 한 것을 주목해야 한다. 보아스는 자식이 없었다. 그리고 나이도 많이 들었다. 그런 그에게 룻이 찾아온 것이다. 이것을 보아스는 룻이 보아스에게 보여 준 인애, 곧 헤세드(חֶסֶד)라고 말하였다.

4장 11절에서 장로들이 보아스에게 "여호와께서 네 집에 들어가는 여인으로 이스라엘의 집을 세운 라헬과 레아 두 사람과 같게 하시고"라고 말한 것은 바로 이러한 보아스의 상황, 즉 자식이 없고 자식을 낳기에는 너무 나이가 많은 상태를 염두에 두고 한 것이다. 즉 보아스는 룻으로 인해 자식을 낳을 수 있게 된 것이다. 룻이 없었다면 보아스의 가계를 끊어졌을 것이다.

나오미의 삶은 불행의 연속이었다. 베들레헴에 기근이 임하자 엘리멜렉은 아내 나오미와 두 아들과 함께 모압으로 이주했다. 하지만 모압에서의 삶을 녹록지 않았다. 나오미의 남편 엘리멜렉이 죽고 두 아들도 세상을 떠났다. 그나마 가져간 돈도 다 떨어졌다. 모압에서 더 이상 살기 어려워진 나오미는 베들레헴으로 돌아가고자 했다. 이때 모압 여인 룻이 나오미를 따라 베들레헴으로 간다. 이것이 1장의 내용이다.

그리고 2장과 3장은 나오미의 회복을 보여 준다. 회복은 룻으로부터 시작되었다. 룻은 보리 추수가 끝날 때까지 보아스의 밭에서 이삭 줍는 일을 하였다. 그리고 보아스로부터 엄청난 호의를 받았다.*

룻이 집에 돌아와 보아스에 관해 이야기하는 순간 자기연민에 빠져 있던 나오미에게 룻이 보이기 시작했다. 그동안 자기 문제에 사로잡혀 룻이 보이지 않았다. 변화에는 계기가 있다. 바로 룻에게 보여 준 보아스의 호의였다.

사실, 그녀에게 호의를 보인 것은 보아스가 처음은 아니었다. 아무것도 없는 자신과 함께한, 자신을 돌보기로 한 며느리 룻의 따뜻한 마음도 있었다. 나오미가 베들레헴에 돌아와 어디서 머물렀는가? 들에서 머물렀을까? 아니다. 누군가의 호의로 기거할 집을 얻었을 것이다. 친족 중의 하나가 빈방을 주었을지도 모른다. 성경에 그 부분은 나오지 않는다.

하지만 한 가지 분명한 것은 피할 곳(shelter)이

---

*그날 룻이 주운 보리의 양이 한 에바였다. 한 에바면 22L다. 물 1L는 1kg이지만, 쌀은 물보다는 밀도가 낮아 1ℓ에 대략 910g이 된다. 보리 22L는 대략 20kg이 된다. 엄청난 양이었다.

있었다는 것이다. 그런데 그 호의에도 불구하고
나오미의 태도는 바뀌지 않았다.

나오미의 삶은 힘들었다. 너무너무 힘들었다. 그녀라고
자기 삶의 문제를 해결해 보려고 발버둥을 안 쳐
봤을까? 10년 전 베들레헴에 흉년이 들렀을 때 그것을
해결하고자 모압으로 이주했다. 남편이 죽고 이방 땅에
혼자 남게 되자, 모압 여인을 며느리로 받아들임으로써
이방인의 어려움을 극복하고자 했다. 나름 문제를
해결하고자 애썼다.

그런데도 상황은 점점 더 나락으로 떨어져 갔다.
마치 사사기가 시대가 지나갈수록 상황이 절망적으로
되어 가는 것처럼 점점 더 나락으로 떨어졌다. 그런 자기
삶이 저주스러웠다.
"나오미가 그들에게 이르되 나를 나오미라 부르지 말고
나를 마라라 부르라 이는 전능자가 나를 심히 괴롭게
하셨음이니라 내가 풍족하게 나갔더니 여호와께서 내게
비어 돌아오게 하셨느니라 여호와께서 나를 징벌하셨고
전능자가 나를 괴롭게 하셨거늘 너희가 어찌 나를
나오미라 부르느냐 하니라"(룻 1:20-21).

나오미는 전능자가 나를 괴롭게 하였다고 두 번이나

반복해서 말하고 있다. 나오미는 의욕을 잃었다. 의욕을 잃으면 자기만 보인다. 타인을 볼 여유가 없다.

## 무엇이 나오미를 변화시켰나

얼마 전 보육원을 방문하였는데, 아동 가운데 한 명이 초등학생인데, 대소변을 못 가리고 있었다. 이야기를 들어 보니 어머니가 마음이 무너져 버려, 아이를 내버려 둬 성장기 배워야 할 것을 배우지 못했다는 것이다.

나오미가 그랬다. 자기만 힘이 들었을까? 룻도 만만치 않았을 것이다. 그런데 나오미는 자기 연민에만 빠져 있었다. 룻이 이삭을 주우러 간다고 했을 때, 자기가 간다고 하거나 최소한 같이 가자고 하는 것이 맞다. 그런데 그나마도 하지 않았다.

그런데 보아스의 호의가 나오미의 마음을 움직였다. 감사의 마음이 생겼다. 감사의 마음이 생기니 주변이 보이기 시작했다. 자기가 할 일이 보였다. "나오미가 자기 며느리에게 이르되 그가 여호와로부터 복 받기를 원하노라 그가 살아 있는 자와 죽은 자에게 은혜 베풀기를 그치지 아니하도다"(룻 2:20a).

룻을 보고 보아스의 호의를 보면서 자신의 주위를 다시 보게 된 것이다. 잃어버린 기회, 닫힌 문만 바라보았는데, 그런데 다시 돌아보니 절망의 때에 안 보이던 새로운 기회가 보이기 시작한 것이다.

할 수 없는 것보다는 할 수 있는 것에 초점을 맞추어야 한다. "인생은 가까이서 보면 비극이고, 멀리서 보면 희극"이라고 찰리 채플린(Charles Chaplin)이 말했다. 인생을 멀리서 볼 수 있어야 한다.

다음 구절은 룻기의 핵심 구절 가운데 하나다. "룻의 시어머니 나오미가 그에게 이르되 내 딸아 내가 너를 위하여 안식할 곳을 구하여 너를 복되게 하여야 하지 않겠느냐"(룻 3:1).

룻이 보아스와 결혼하지 않아도 기업은 무를 수 있었다. 나오미는 단지 자신의 기업이 아니라 며느리의 행복을 원했다. 모압 여인인 룻이 시모를 따라와 이스라엘까지 왔지만, 자신이 세상을 떠나고 나면 어떻게 살 것인가 걱정되었다. 며느리의 필요가 보였다. 역설적으로 며느리를 돕고자 한 것이 자신의 회복을 가져왔다.

사람들은 자신의 필요를 먼저 생각한다. 하지만 남의 필요를 채우면 나의 필요는 따라오는 법이다. 룻기는 우리에게 생각의 변화가 얼마나 중요한지를 가르쳐 준다. 내 중심일 때 안 보이던 것들이 타인을 볼 때 보이게 된다.

회복은 타인에 관한 관심에서 시작된다. 자기 문제에 사로잡혀 있으면 다른 문이 열려도 보지 못하는 법이다. 회복은 역설적으로 타인을 바라볼 때 온다.

룻기의 주제가 회복이다. 룻기는 기쁨이 가득해야 할 나오미에게 기쁨보다는 고통과 괴로움이 가득했지만, 결국 그 삶에 기쁨이 회복되는 이야기다.

어떻게 회복되었나? 마음이 지쳐서 무너져 내리는 그 순간 자신이 아닌 타인을 바라보았고, 타인을 위해 해야 할 일을 했을 때, 타인을 축복했을 때 회복이 일어났다. 사실 룻기의 주인공인 룻, 보아스, 나오미 모두가 타인을 위해 무엇을 했을 때, 역설적으로 자기가 회복하는 것을 경험한다.

## 감사는 신앙의 핵심이다

좋지 못한 가정환경에서 자란, 한 여학생이 있다.
고등학교를 졸업 후 부산에 있는 S대학교에 입학했다.

그리고 졸업 후 이 학생은 뉴욕주립대학교(The State University of New York) 석사 과정에 장학금 받고 입학했다. 학교에서 이 학생을 선발한 이유는 봉사였다. 대학 다닐 때 그녀가 해외에서 코이카(KOICA) 봉사 활동한 것을 좋게 본 것이다.

그녀의 대학 생활이 쉽지는 않았을 것이다. 학비와 생활비를 위해서 아르바이트를 해야 했다. 어쩌면 좋지 못한 환경에 태어난 자신의 상황이 원망스러웠을 수도 있었을 것이다. 하지만 그녀는 어려움 상황 가운데 감사를 발견했고, 남을 돕고자 해이 봉사 활동을 떠났다. 뉴욕주립대학교에서 그녀를 선발한 다른 이유도 많았겠지만, 자기도 어려운데 누군가를 돌본 그녀의 행동이 많은 영향을 미쳤을 것이다.

냉소가 세상을 바꾸지 못한다. 태도다. 태도가 변화되어야 한다. 제임스 클리어(James Clear)는 《아주 작은 습관의 힘》(Atomic Habits)에서 습관을 바꾸면 삶이 바뀔 수 있다고 주장한다. 우리가 바꾸어야 할 습관 가운데 하나가 감사다. 질 볼트 테일러(Jill Bolt Talyor)는 《긍정의 뇌》(My Stroke of Insight)에서 감사했더니 삶이 바뀌더라고 주장하였다.

성경에 많이 나오는 단어 가운데 하나가 감사다. 왜

성경은 감사를 강조할까? 불평으로 삶이 바뀌지 않기 때문이다. 불만과 불평은 삶의 의욕을 감퇴시킨다. 날씨를 불평한다고 날씨가 바뀌는 것이 아니다. 단지 불평함으로써 위안 삼는 것이다. 불평하다 보면, 내 삶이 불행하게 느껴진다. 자신이 바꿀 수 없는 환경 때문에 좌절하며 시간을 낭비하면 결코 행복해질 수 없다.

이스라엘 백성들이 11일이면 충분한 광야 길을 40년 동안 방황한 이유가 무엇인가? 불평이었다. 40년 내내 불평했다. 생각해 보라. 홍해를 건넜고, 반석에서 물이 나고, 쓴 물이 단물이 되고, 만나와 메추라기를 먹고, 우리들 대부분이 평생 한 번도 겪어보지 못할 기적들의 연속이었다. 그런데도 불평했다. 흥미로운 것은 여호수아서를 읽다 보면 그들이 지속적인 승리를 경험하는데 여호수아서에는 불평이 등장하지 않는다는 것이다.

불평으로 인생을 낭비해서는 안 된다. 감사의 언어를 사용하여야 한다. 성경은 감사가 태도의 문제라고 말한다. 감사할 일이 일어나기 전 먼저 감사하는 마음을 가져야 한다는 것이다. "나를 나오미라 부르지 말고 나를 마라라 부르라"(룻 1:20). 혹시 이것이 나의 모습이 아닌가? 그렇다면 나를 보지 말고 타인을 보라.

누군가를 위해 내가 할 수 있는 것을 생각해 보라.
그것이 내 마지막 쌀 한 톨이라도 내어 보라. 그러면
기적이 일어난다.

영어 단어 '감사하다'(thank)와 '생각하다'(think)는
어원이 같다. '감사하다'라는 말은 초기 게르만어와
고대 영어에서 '생각함'(a thinking of)과 '기억함'(a
remembering of)이라는 의미로 사용되다가 후에 누군가의
행동을 곰곰이 생각하며 기억하는, 감사의 감정으로
발전되었다.

감사의 출발은 생각이다. 생각하면 감사하게 된다.
감사는 단순한 감정이 아니라, 생각의 과정을 통해
형성되는 정서다. 성경은 감사를 신앙의 핵심적 태도로
강조하고 삶의 모든 순간에 감사하는 마음을 가질 것을
반복적으로 명령하고 있다.
"감사로 제사를 드리는 자가 나를 영화롭게 하나니
그의 행위를 옳게 하는 자에게 내가 하나님의 구원을
보이리라"(시 50:23).
"범사에 감사하라 이것이 그리스도 예수 안에서 너희를
향하신 하나님의 뜻이니라"(살전 5:18).
"그리스도의 평강이 너희 마음을 주장하게 하라 너희는
평강을 위하여 한 몸으로 부르심을 받았나니 너희는

또한 감사하는 자가 되라 그리스도의 말씀이 너희 속에 풍성히 거하여 모든 지혜로 피차 가르치며 권면하고 시와 찬송과 신령한 노래를 부르며 감사하는 마음으로 하나님을 찬양하고 또 무엇을 하든지 말에나 일에나 다 주 예수의 이름으로 하고 그를 힘입어 하나님 아버지께 감사하라"(골 3:15-17).

"할렐루야 여호와께 감사하라 그는 선하시며 그 인자하심이 영원함이로다"(시 106:1).

감사는 단순한 감정의 표현을 넘어서 하나님 앞에서 우리의 행위를 옳게 하는 것이다. 상경은 '옳게 하는 행위'와 '감사'가 분리된 개념이 아니라 서로 밀접하게 연관된 신앙의 본질이라고 말한다. 감사는 하나님의 백성이 마땅히 가져야 할 삶의 자세다. 하나님은 우리에게 감사를 요구하신다. 감사할 상황만 아니라 그렇지 않은 상황에서도 우리를 회복시킬 하나님을 믿음으로 기대하고 감사를 표현해 보자.

감사를 회복하자. 감사를 회복하는 것은 그리 아니하실지라도 감사하는 것이다. 감사는 믿음이다. 감사는 어원에서 살펴보았듯이 모든 상황을 하나님의 관점에서 다시 해석하는 작업이다.

삶의 모든 순간 비록 그것이 고난일지라도 하나님이 만들어 가시는 의미 있는 시간으로 바라보아야 한다. 우리 하나님은 선하신 하나님이다. 선하심은 회복과 관련된 단어다. 그 하나님은 인자하시다. '인자하심'이라는 말은 우리를 불쌍히 여기시고, 사랑을 베푸신다는 의미를 포함하고 있다.

우리의 감사는 상황 때문에 오는 것이 아니다. 우리의 감사는 우리를 인도하시는 하나님, 우리의 기도를 들어 주시는 하나님, 우리를 회복시키실 하나님으로 인해서 하는 것이다. 그 하나님에 대한 기대가 있기에 염려하지 않고 감사하는 마음으로 기도할 수 있다.

고마움을 표현해 보라. 누군가를 도와줘 보라. 이것이 진정으로 우리를 회복의 길로 인도한다. 긍정의 눈으로 세상을 바라보고, 긍정의 태도로 세상을 대해 보자. 환경은 바꿀 수 없지만, 그 환경에 대한 나의 반응은 바꿀 수 있다. 그리고 그러한 나의 긍정적인 태도는 결국 단단한 환경의 문을 열 것이다.

🕯 **나의 결심 고백하기**

예수님은
감사할 일이 일어나기 전에
감사하셨습니다

감사는 믿음의 표현입니다
주님을 향한 기대로
감사하겠습니다

# 먹고사는 일에 허덕일 때
# 창세기 1:26-28

# 8

## 감자 껍질 깎는 일을 가슴 뛰게 하다

○
○
○

〈불의 전차〉(Chariots of Fire)라는 영화가 있다. 이 영화는 1924년 파리 올림픽에 참석하여 각각 메달을 딴 에릭 리델(Eric Liddell)과 해럴드 아브라함(Herald Abarahm)에 관한 이야기다.

당시 유럽 사회는 유대인에 대한 편견과 무시가 보편적이었다. 유대인이었던 헤럴드는 케임브리지대학교 학생으로 올림픽에 출전하여 유대인들의 우수성을 보여 주고 나아가 이것을 통해 출세를 보장받고자 하였다. 반면에 스코틀랜드 선교사의 아들로 에든버러대학교(University of Edinburgh)에서 공부하고 있었던 에릭은 하나님이 자신에게 달리는 재능을 주셨고, 하나님이 주신 그 재능을 잘 발휘하는 게 하나님을 기쁘시게 하는 것으로 생각했다.

한 사람은 편견을 깨고 자신을 증명하기 위해서 그리고 다른 한 사람은 자신에게 재능을 주신 하나님의 영광을 위해서 달렸다. 이 영화는 서로 다른 동기를 가졌던 헤럴드와 에릭이 각각 다른 방식으로 금메달이라는 목표에 도달하려는 것을 보여 준다.

## 재능을 발휘함으로써 하나님께 영광을!

1920년대, 당시에는 아마추어 육상 선수들은 개인 코치를 두는 것을 허락하지 않았다. 올림픽에서 금메달을 따서 유대인들에 대한 편견을 없애는 것이 목표였던 헤럴드는 금메달을 따기 위해 비밀리에 개인 코치를 두고 훈련한다.

그러나 에릭은 이사야 40장 28절부터 31절의 말씀을 의지하며 경기를 준비했다.
"너는 알지 못하였느냐 듣지 못하였느냐 영원하신 하나님 여호와, 땅끝까지 창조하신 이는 피곤하지 않으시며 곤비하지 않으시며 명철이 한이 없으시며 피곤한 자에게는 능력을 주시며 무능한 자에게는 힘을

더하시나니 소년이라도 피곤하며 곤비하며 장정이라도
넘어지며 쓰러지되 오직 여호와를 앙망하는 자는
새 힘을 얻으리니 독수리가 날개 치며 올라감 같을
것이요 달음박질하여도 곤비하지 아니하겠고 걸어가도
피곤하지 아니하리로다"(사 40:28-31).

에릭은 100m 달리기의 우승 후보였지만, 첫 예선
일자가 주일이었다. 그는 자신의 경기가 주일에
열리는 것을 알고, 100m 달리기를 포기한다. 그리하여
금메달은 에릭의 평소 기록보다 못했던 헤럴드에게
돌아간다.

우여곡절 끝에 에릭은 400m 경기에 출전하였지만,
사람들은 그에게 기대를 걸지 않았다. 400m는 그의
주 종목이 아니었기 때문이었다. 그럼에도 불구하고
그는 47.6초라는 세계 신기록을 세우며 우승한다. 후에
사람들이 어떻게 금메달을 딸 수 있었느냐고 물었을
때, 그는 "100m는 내 힘으로 달렸고, 나머지 300m는
하나님이 뛰어 주셨다"라고 대답했다.

이 영화는 기독교 영화가 아니다. 둘 다 금메달을
땄지만, 헤럴드는 실패한 사람이고, 에릭은 성공한
사람이라고 말하지도 않는다. 그런데 영화는 목표에
도달하고 난 다음에 허탈해하는 헤럴드와 환희에 찬

에릭을 대비하여 보여 준다. 후에 에릭은 선교사가 되어 중국으로 떠난다.

"하나님은 나를 빠르게 만들었다. 그리고 나는 달릴 때 하나님이 그것을 기뻐하심을 느낀다"(He also made me fast, and when I run I feel His pleasure)라는 에릭의 대사는 일상생활 영성의 핵심이다. 하나님이 나에게 주신 재능, 곧 달란트를 발휘하는 것이 하나님께 영광을 돌리는 삶이다.

기억나는 대사가 또 있다. 에릭의 아버지가 한 말이다. "완벽하게 해내기만 한다면, 감자 껍질을 벗기는 일로도 주님께 영광을 돌릴 수 있다." 완벽하게 해내기만 한다면 일상적인 일로도 주님께 영광을 돌릴 수 있다. 이처럼 그리스도인의 일에 대한 인식을 제대로 표현한 말도 드문 것 같다.

일과 영성이라는 말이 우리에게는 서로 충돌되는 것처럼 보인다. 영성은 뭔가 종교적이고 일은 그냥 세속적이라는 생각이 든다. 말로는 '일은 하나님의 소명'이라고 하지만, 현실에서는 여전히 일은 일이고, 소명은 소명이다. 일은 하나님과 상관이 없다. 단지 나의 생존, 자기실현일 뿐이다.

## 인간, 일하는 존재

일은 어떤 의미인가? 메소포타미아 신화 중에 아트라하시스(Atrahasis) 대홍수 서사시가 있다. 기원전 1,800년 전에 토판문서에 기록된 이 신화에는 창조와 홍수에 관한 이야기가 기록되어 있다. 어떤 사람들은 아트라하시스 신화가 창조와 홍수의 이야기를 담고 있으므로 창세기와의 유사성을 말하기도 하는데, 둘 사이에는 근본적인 차이가 존재한다. 그 차이 가운데 우리가 주목해야 할 것은 인간 창조에 관한 것이다.

이 신화를 보면 아누(Anu, 하늘의 신), 엔릴(Enlil, 바람의 신), 엔키(Enki, 물의 신)라는 세 신이 등장한다. 그리고 이들보다 열등한 신들이 있었는데, 이 신들은 운하를 파고 땅을 경작한다. 그런데 이들이 자신들이 노역을 담당하는 것에 대해 불만을 품고 반역을 일으키게 된다. 그러자 엔키는 인간을 만들어 신들을 대신해 노동을 담당하게 한다. 그리하여 인간은 곡괭이와 삽을 들고 신들의 집을 짓고 거대한 운하와 제방을 쌓았으며 신들의 음식으로 공급할 작물들을 기르게 되었다.

시간이 지난 뒤 인구의 증가로 세상이 시끄러워지자 신들은 홍수로 인류를 멸망시키려고 한다. 이때 엔키가 신화의 주인공인 아트라시스라 왕에게 홍수가 일어날 것을 전해 주고 방주를 만들어 다가올 재앙을 대비하게 한다. 그리고 아트라시스와 그의 가족은 홍수를 피해 방주에 들어가고 죽음에서 벗어난다. 이후에 방주에서 나온 아트라시스는 제사를 지낸다. 그리고 굶주린 신들이 와서 제사 음식을 먹는다. 이야기가 더 진행되지만, 신화는 이 정도에서 마무리하겠다.

이 신화를 바탕으로 보면 인간은 신들을 대신해 일하는 존재다. 신들이 하기 싫어하는 일을 하는 것이므로 일은 노동이다. 그러나 성경은 일에 대해서 다른 이야기를 한다. 인간은 신을 먹여 살리기 위해서 존재하지 않는다. 하나님이 인간에게 필요한 것을 공급해 주신다. "하나님이 이르시되 내가 온 지면의 씨 맺는 모든 채소와 씨 가진 열매 맺는 모든 나무를 너희에게 주노니 너희의 먹을거리가 되리라"(창 1:29).

수메르 신화에는 인간이 신에게 먹을 것을 공급하지만, 성경은 하나님이 인간에게 먹을 것을 주신다고 말한다. 두 이야기의 근본적인 차이는 인간의 존엄성이다. 신약에서 예수님이 무엇을 먹고 마시고 입을까에 대해서 걱정하지 말라고 하신 것도, 하나님이 다 공급해 주신다는 것도 이런 맥락이다.

왜 일하는가? 먹고 살기 위해서 일한다.
부분적으로는 맞다. 그런데 성경은 일이 생존을 위해서 필요한 것이 아니라고 말한다. 오히려 그 이상의 의미가 있다고 말한다.

그렇다면 성경이 말하는 일의 의미는 무엇인가?
"하나님이 이르시되 우리의 형상을 따라 우리의 모양대로 우리가 사람을 만들고 그들로 바다의 물고기와 하늘의 새와 가축과 온 땅과 땅에 기는 모든 것을 다스리게 하자 하시고 하나님이 자기 형상 곧 하나님의 형상대로 사람을 창조하시되 남자와 여자를 창조하시고 하나님이 그들에게 복을 주시며 하나님이 그들에게 이르시되 생육하고 번성하여 땅에 충만하라, 땅을 정복하라, 바다의 물고기와 하늘의 새와 땅에 움직이는 모든 생물을 다스리라 하시니라"(창 1:26-28).

하나님이 인간을 만드셨다. 그리고 그 만드신 목적이 '다스림'이다. 하나님은 인간에게 이 세상을 다스리는 일을 위임하셨다. 이 다스림의 행위가 일이다.

성경은 일을 인간의 본질과 연결한다. 인간은 일하는 존재들이고, 일을 통해서 하나님의 통치에 동참한다. 일은 우리가 하나님의 통치 행위에 동참하는 것이다.

"예수께서 그들에게 이르시되 내 아버지께서 이제까지 일하시니 나도 일한다 하시매"(요 5:17). 하나님은 일하신다. 예수님은 하나님의 일하심에 동참하셨고, 우리도 일을 통하여 하나님의 일하심에 동참한다. 하나님의 일하심은 생존을 위한 일하심이 아니다. 하나님의 일하심은 돌봄이다. 돌봄이 일의 의미다. 우리도 마찬가지다. 우리에게 일은 생존을 넘어선다. 우리에게 일은 하나님의 다스림, 즉 돌봄의 사역에 참여하는 것이다.

어떤 이들은 창세기 3장에 "수고하여야 먹을 것이요"라는 말을 근거로 일은 타락의 산물이라고 말한다. 그러나 아니다. 원래 일은 기쁨이고 보람이었다. 그리고 그 목적은 돌봄이었다. 그런데 타락으로 인간이 그 일의 목적을 잃어버린 것이다.

성경에서 우리는 바벨탑에 관한 이야기를 본다. 바벨탑을 쌓는 이유가 무엇인가? 자신들의 이름을 내는 것이었다. 일의 목적이 바뀌었다. 일의 목적은 원래 하나님의 통치에 동참하는 것이었는데, 자기 이름을 내는 것으로, 자아 성취로 바뀐 것이다. 그리스도인에게 일은 자아실현이 아니다. 하나님의 통치 질서에 동참하는 것이다.

## 무슨 일을 하든지 하나님의 영광을 위하여!

하나님의 창조 명령인 다스림이라는 말은 돌봄이라는 의미다. 그런데 이 돌봄을 표현할 수 있는 적절한 단어가 '경영'(management)이다. 일을 사명으로 주셨고, 그것을 경영하는 것은 우리에게 맡기셨다. 우리는 하나님께 그것을 어떻게 경영할 수 있는지에 대한 구체적인 지침도 요구한다.

경영은 우리에게 주어진 자유이자 특권이다. 거미는 본능에 의해서 집을 짓지만, 우리는 각자의 자유 의지로 집을 짓는다. 한옥으로 집을 짓든, 양옥으로 짓든, 황토집을 짓든, 벽돌집을 짓든, 아니면 대리석으로 집을 짓든 그것은 우리에게 주어진 자유로운 특권이다. 각자 자신에게 주어진 재능을 가지고 집을 지으면 되는 것이다.

하나님은 우리가 성을 지었다고 더 칭찬하시거나 황토집을 지었다고 면박하시지 않는다. 달란트 비유에서 보는 바와 같이 1개를 남겼든 5개를 남겼든 하나님의 인정은 똑같다. 그러나 그것을 사용하지 않으면 책망받는다. 흥미로운 것은 1달란트를 받은 사람의 말이다. "당신이 심지도 않은 데서 거두시는

줄 압니다. 어떻게 이문을 남겨야 할지 몰라서 잘
보관했다가 가지고 옵니다." 흥미로운 대답이다.
착복하지 않았다. 그런데 1달란트를 그대로 가져온 종은
책망받는다. 왜 그랬을까? 그는 자신의 자유를 의무로
본 것이다.

일은 먹고 살기 위해서 하는 것이 아니다. 일은
사명이다. 일을 통해서 우리는 하나님의 다스리심에
동참한다.

"그런즉 너희가 먹든지 마시든지 무엇을 하든지
다 하나님의 영광을 위하여 하라"(고전 10:31). 우리가
일하는 이유는 하나님께 영광 돌리게 하기 위함이다.
에릭 리들과 헤럴드 아브라함 이야기를 했다. 같은 일을
한다. 겉으로는 차이가 없다. 그러나 동기가 다르고
과정이 다르고 결과가 다르다. 이것이 우리의 사명이다.

내가 하는 일의 동기와 과정 그리고 결과를 생각해
보아야 한다. 나는 왜 이 일을 하는지 질문을 던져야
한다. 내가 하는 이 일을 통해서 하나님은 나에게 무엇을
원하는지 질문을 던져야 한다.

일은 어떤 특정한 직업이 아니다. 이 일을 하다가 저
일을 할 수 있다. 우리는 일의 종류에 관심이 있지만,
하나님은 종류에는 관심이 없으시다. 하나님에게는

달란트가 5개든 2개든 1개든 똑같다. 중요한 것은 각자 자기가 맡은 것을 가지고 어떻게 하느냐다. 무엇을 하든지, 하나님께 영광을 돌리게 하라! 이것이 근본적인 원리다.

일에 대한 인식이 바뀌어야 한다. 그리고 그 일이 하나님의 일인 양 생각하고, 열심히 최선을 다해서 하라. 우리가 각자의 일을 열심히 하는 것이 하나님을 영화롭게 하는 것이다.

1997년 우리나라에 IMF 경제 위기가 닥치는 바람에 브리스틀(Bristol)의 요양원에서 간병 보조원(care assistant)으로 일한 적이 있다. 몸을 스스로 못 가누는 사람들의 신체 활동을 도와주고, 식사 및 배설 활동을 보조하는 것이 내 일이었다. 일이 쉽지는 않았다. 영국에 간 지 얼마 안 되어 언어도 익숙지 않았고, 언어가 불편한 분들의 말은 더욱 이해하기 어려웠다. 환자들의 짜증을 받아 주는 일은 특히나 쉽지 않았다.

그러던 어느 날 성경을 보다가 한 구절이 눈에 들어왔다. "무슨 일을 하든지 마음을 다하여 주께 하듯 하고 사람에게 하듯 하지 말라"(골 3:23). 이 말씀이 내게 충격적으로 다가왔다. 무슨 일을 하든지 마음을 다하여 주께 하듯 하라니…. 나는 태도를 바꾸기로 했다. 환자들을 돌보다 보니 식사 시간 외에는 거실에 앉아 TV를 보곤 했다. 간간이 가족들이 찾아올 때만 활기차 보였고, 나머지 시간은 무료하게 보냈다. 무료함을 달래 줄 무엇인가가 필요했다. 마침 거실에 피아노가 있어서 하루에 30분씩 연주하며 환자들에게 노래를 불러 주었다. 당시에는 영어로 부를 수 있는 노래가 없어서 찬송과 복음성가를 불렀다.

피아노는 어린이 바이엘도 배운 적이 없지만, 기타 코드를 알기에 코드로 건반을 눌러 가며 노래를 불렀다. 환자들이 흥미로워하길래 다음에는 클라리넷을 연주해 보았다. 클라리넷은 영국으로 유학 가기 전 한 달 배운 것이 전부였다. 사람 앞에 연주하기가 부끄러운 실력이지만, 열심히 연습해서 연주하곤 했다. 생각을 바꾸니 일이 즐거워졌다. 나름 그 시설에서 인기 있는 간병 보조원이 되었다.

## 자기 일을 좋아하는 법을 배우라

일을 열심히 하는 것이 하나님을 기쁘게 하는 것이다.

그리고 단순히 열심히 하는 것이 아니라 잘하도록
노력해야 한다. 왜냐하면, 일이란 하나님의 부르심에
대한 반응이기 때문이다.

남에게 인정받기 위해서, 자기를 높이기 위해서,
자기만족을 위해서 일하는 것은 바벨론의 저주 아래
있는 일을 하는 것이다. 마르틴 루터(Martin Luther)는
말한다. "구두를 만드는 그리스도인은 신발에 작은
십자가를 새기는 것이 아니라, 좋은 신발을 만드는
것으로 소명을 감당한다."

소명을 감당하기 위해서 새로운 영적인 활동을
하는 것이 아니라 구두를 만드는 것, 농사를 짓는 것,
빨래하고 청소하는 것 등 모두가 하나님의 부르심에
응답하는 과정일 수 있다. 따라서 우리는 우리가 하는
모든 일을 하나님이 보시듯이, 주께 하듯 마음을 다해서
해야 한다.

"교황, 주교, 신부, 수도사들이 자신들을 신령한
직분으로 칭하면서 장인 농부를 세속의 직분으로 부르는
것은 헛소리다. 철저한 기만이요 위선이다. 그 말에
주눅이 들지 않아도 된다. 그리스도인이라면 누구나
진정으로 신령한 직분을 가지고 있으며 단지 종류만
다를 뿐이다. 우리는 다 왕 같은 제사장이요 거룩한

나라다. 왕 같은 제사장이다"라고 한 마르틴 루터의 말은 종교 개혁의 핵심이다.

종교 개혁가들은 성경을 보면서 삶의 현장이 부름을 받은 현장이라는 사실을 깨달았다. 따라서 직업적 소명설은 성도들의 실존적 고민의 결과다.

평신도라는 말을 들어봤을 것이다. 이것은 잘못된 표현이다. 성도라는 말이 적절한 표현이다. 평신도는 사제가 아닌 사람들을 규정하는 표현이다. 사제만 하나님의 일을 하는 것이 아니다. 종교 개혁은 성과 속의 구분을 무너트렸다. 그리고 성도들이 하는 모든 일도 하나님의 일이라고 강조했다. 이러한 맥락에서 '만인 제사장'을 보아야 한다. 만인 제사장이란. 모두가 각자의 삶의 현장에서 제사장과 같이 사는 것을 말한다.

청년들에게 자주 듣는 말 가운데 하나가 어떤 직업을 선택해야 하는가다. 사람들이 직업적 소명설이라는 말을 들을 때, 제일 오해하는 것이 하나님이 어떤 특정한 직업으로 부르셨다는 것이다. 직업적 소명설은 내 삶의 현장이 소명의 현장이라는 고백에서 나온 것이지 어떤 특정한 직업에로의 부르심을 말하는 것이 아니다.

AI(인공지능)로 인해 현존하는 직업 대부분이 20년

내 사라질 것이라고 말한다. 평생직장이라는 개념은
사라진 지 오래다. 직업적 소명설은 어떤 특정한
직업에로의 부르심이 아니라 '일'로의 부르심이다.

가슴 뛰는 일이 없으면 그 일을 그만두고, 가슴 뛰는
일을 찾으라는 말을 들어봤을 것이다. 그럴듯하지만
잘못된 말이다. 가슴 뛰는 일이 몇 가지나 될까? 우리가
할 일은 가슴 뛰는 일을 찾는 것이 아니라 무미건조한 그
일로 가슴 뛰게 하는 것이다.

우리는 일의 직종에 관심이 있다. 하지만 하나님의
관심은 직종이 아니라 그 일을 통해 '무엇을', '어떻게'
하는가에 있다. 현재 자신이 하는 일을 좋아하는 법을
배워야 한다. 내가 하는 일이 불만족스럽더라도 그것을
만족하는 법을 찾아야 한다. 그리고 내가 하는 일에
최선을 다해야 한다.

"하나님의 뜻이 아니야" 혹은 "내 은사가 아니야"와
같은 태도 자체가 하나님의 뜻이 아니다. 일은
그리스도인에게 축복이며 사명이다. 그러므로 일을
생계 수단으로만 여겨서는 안 된다. 일을 나를 위해서
하는 것이 아니다. 일의 목적은 돌봄임을 기억하라.
일은 다른 이를 위해서 하는 것이다. 내 일을 통해서
누군가가 도움을 받으면, 그 일이 하나님의 일이 된다.

### 나의 결심 고백하기

하나님이 허락하신 일에는
생존 이상의 의미가
있습니다


주님의 영광을 위해
무미건조한 그 일을
가슴 뛰게 할 것입니다

\# 연약함을 숨길 때
\# 고린도후서 12:7-9

# 9

## 약함에서 새로운 이야기가 시작된다

○
○
○

살다 보면 누구나 한 번쯤 자신의 한계와 결핍에 부딪혀 멈추어 서게 된다. 약함과 실패, 그리고 뜻대로 되지 않는 현실은 종종 우리를 낙심케 하거나 스스로를 초라하게 만든다.

그러나 약함은 좌절로만 끝나는 것이 아니라 새로운 이야기가 시작되는 자리이기도 하다. 한계는 우리의 가능성을 따지는 질문이 되고, 약함과 결핍은 또 다른 서사의 문을 여는 힘이 된다.

### 부딪혀 봐야 능력을 안다

영화 〈킹스맨〉(The King's Man)에서 날카로운 의족을 한

가젤이라는 캐릭터의 실제 모델인 에이미 멀린스(Aimee Mullins)는 종아리뼈가 없는 선천적 기형으로 태어나 어린 시절 무릎 아래를 절단하는 아픔을 겪었다. 의족을 달고 걷는 법을 배워야 했던 어린 에이미를, 어느 날 의사가 "너는 정말 강하고 힘이 넘치는 소녀야"라고 격려했다. 에이미는 자신이 강하다고 생각한 적이 없었다. 그냥 자신의 다른 신체 조건이 원망스럽기만 했다. 그런데 이 말은 그녀로 하여금 삶의 태도를 바꾸게 했다.

이후 에이미는 또래 친구들과 다를 바 없는 일상을 보냈다. 수영, 자전거 타기 그리고 축구도 거침없이 해냈다. 한번은 이런 일이 있었다. 에이미가 100m 달리기 도중에 목표 지점을 15m 남겨 두고 의족이 벗겨지는 사고가 났다. 누구도 예상치 못한 사고에 경기를 포기하려던 그때, 코치가 에이미에게 다가와 말했다. "괜찮아. 다시 달리자." 그 말은 들은 에이미는 일어나 다시 달렸다. 훗날 에이미는 그날을 회상하면서 "코치의 그 한마디가 내 인생을 여기까지 끌고 왔다"라고 말했다.

에이미는 1996년 애틀랜타 패럴림픽(Paralymoics)에 100m와 멀리뛰기에 출전하였으며, 선수를 그만둔 후에는 모델 겸 배우로 활동하였다. 피플지가 선정한 세계에서 가장 아름다운 50인으로 선정되기도 한 그녀는 "어떻게 장애를 극복한 비결이 무엇입니까?"라는 질문에 이렇게 답한다. "장애를 극복했다고 표현하기보다는 나의 가진 잠재력을 발휘한 것뿐입니다." 그녀는 말한다. 역경은 삶을 유지하기 위해 피하거나 극복해야 할 장애물이 아니라 삶의 일부라고. 그리고 진짜 장애는 몸이 아니라 희망 없는 마음이라고.

그녀의 이야기를 따라가다 보면, 진정한 장애는 신체가 아니라 마음 깊은 곳의 낙심과 체념임을 깨닫게 된다. 이 고백은 우리 일상과 내면에도 잔잔한 질문을 남긴다. "나는 내 약함과 어떻게 맞이하고 있는가?"

역경은 우리 삶을 유지하기 위해 피해야 할 장애물이 아니다. 오히려 삶의 일부다. 중요한 것은 '역경을 맞이할 것인가 아닌가가 아니라 어떻게 맞이할 것인가'다. 우리에게 필요한 것은 역경을 피하는 것이 아니라 그것을 잘 맞이하는 것이다.

역사가 아놀드 토인비(Arnold Toynbee)는 인류 문명은 도전과 응전의 역사라고 말했다. 인류는 끊임없는 도전을 받아왔지만, 극복하려는 노력을 기울여 왔고, 그것이 결국 오늘날 인류 문명을 만들었다는 것이다.

우리에게 진정으로 필요한 것은 약함을 감추거나 피하는 것이 아니라 오히려 그 안에 감추어진 기회를 찾는 것이다. 약함 혹은 어려움을 고난의 차원에서 보지 말고 기회의 차원에서 볼 수 있어야 한다. 약함 혹은 어려움은 우리가 아직 받아들이지 않았던 변화에 불과하다. 어려움에 부딪혀 보지 않고는 우리가 어떤 능력을 갖췄는지 알 수 없다. 역경은 우리의 자아와 능력을 일깨우기도 한다.

## 내가 약할 때, 하나님이 강해지신다

성경은 인간의 연약함이 오히려 하나님의 은혜와 능력이 온전히 드러나는 기회임을 보여 준다. 그리스도인의 능력은 약함 안에서의 능력이다.

바울의 예를 살펴보자. "여러 계시를 받은 것이 지극히 크므로 너무 자만하지 않게 하시려고 내 육체에 가시 곧 사탄의 사자를 주셨으니 이는 나를 쳐서 너무 자만하지 않게 하려 하심이라 이것이 내게서 떠나가게 하기 위하여 내가 세 번 주께 간구하였더니 나에게 이르시기를 내 은혜가 네게 족하도다 이는 내 능력이

약한 데서 온전하여짐이라 하신지라 그러므로 도리어
크게 기뻐함으로 나의 여러 약한 것들에 대하여
자랑하리니 이는 그리스도의 능력이 내게 머물게 하려
함이라 그러므로 내가 그리스도를 위하여 약한 것들과
능욕과 궁핍과 박해와 곤고를 기뻐하노니 이는 내가
약한 그때에 강함이라"(고후 12:7-10).

성경은 바울의 '육체의 가시'에 관해 이야기한다.
우리는 육체의 가시에 주목하지만, 본문의 핵심은
'가시'가 아니다.

먼저, 가시에 대해서 생각해 보자. 바울의 '육체의
가시'는 무엇인가? 성경은 우리에게 그것이 무엇인지는
말해 주지 않는다. 어떤 학자들은 그가 전도 여행 중
받았던 세 번의 커다란 박해를 뜻한다고 말하고, 다른
학자는 고린도후서를 쓰게 된 이유이기도 한, 교회의
대적자들이라고 말하기도 한다. 일반적으로 학자들은
바울이 말하는 가시가 백내장이나 녹내장과 같은
'안질'일 것이라고 본다.

갈라디아서에서 바울은 "내 손으로 너희에게 이렇게
큰 글자로 쓴 것을 보라"(갈 6:11)라고 말하는데, 그의
시력에 문제가 있었음을 엿볼 수 있다. 바울의 또 다른
서신을 보면 다른 사람이 대신 썼다는 표현이 자주

나오는데, 이것도 바울의 시력과 밀접한 관련이 있다. 하지만 그것도 추측일 뿐이다.

안질이든 아니면 박해 혹은 영적인 어려움이든 핵심은 바울이 그것을 거두어 달라고 세 번이나 기도했지만, 거두어 가지 않으셨다는 것이다. 세 번은 숫자적인 의미를 넘어선다. 간절함의 표시다. 바울은 오랫동안 간절하게 이 문제를 놓고 기도했다. 그런데 하나님은 아니라고 대답하셨다.

"이것이 내게서 떠나가게 하기 위하여 내가 세 번 주께 간구하였더니 나에게 이르시기를 내 은혜가 네게 족하도다 이는 내 능력이 약한 데서 온전하여짐이라 하신지라 그러므로 도리어 크게 기뻐함으로 나의 여러 약한 것들에 대하여 자랑하리니 이는 그리스도의 능력이 내게 머물게 하려 함이라"(고후 12:8-9).

이 말씀을 이해하기 위해서는 앞선 내용을 살펴볼 필요가 있다. 고린도후서 10장에서 바울은 자신의 사도직에 대해서 의문을 던지는 사람들과 직면해야 했다. 그리고 11장에서는 바울의 사역을 비난하는 사람들과 맞서야 했다. 그 후 12장의 이 내용은 자신의 사도직에 대해서 의문을 품고 바울의 사역 자체를 인정하지 않으려는 사람들을 향한 바울의 대답이다. 나

같으면, "봐라. 내가 한 일이 있지 않은가? 내가 행한 기적과 수많은 일들, 설교들, 사람들의 변화를 봐라!" 이렇게 말할 것 같다.

    그런데 바울은 자신을 변호하면서 이렇게 말한다. "내게 육체의 가시가 있다. 이것을 위해서 오랫동안 간절히 기도했다. 그런데 낫지 않았다." 바울을 비난하던 사람들에게 적어도 이 부분은 바울을 험담할 수 있는 좋은 이야깃거리가 될 수 있다. "봐라. 바울은 자기 문제도 해결하지 못한다!" 그럼에도 바울은 그런 자신의 약점을 과감하게 노출시킨다.

바울이 이 문제를 풀어 가는 방식이 상당히 흥미롭다. "너! 내가 얼마나 중요한지 알아? 내가 받은 은혜가 얼마나 큰지 알아?" 이런 것이 아니라 "내 능력이 약한 데서 온전하여짐이라 하신지라"라고 말한다.

    이 말씀은 바울이 고린도교회에 하고자 하는 내용과 일치하는 것이기도 했다. "찬송하리로다 그는 우리 주 예수 그리스도의 하나님이시요 자비의 아버지시요 모든 위로의 하나님이시며 우리의 모든 환난 중에서 우리를 위로하사 우리로 하여금 하나님께 받는 위로로써 모든 환난 중에 있는 자들을 능히 위로하게 하시는 이시로다"(고후 1:3-4).

바울은 서신을 쓴 목적이 어려움 중에 있는 성도를 격려하기 위함이었다고 밝히고 있다. 믿음으로 살아가고자 하는데, 삶은 나아지지 않는다. 믿음으로 살아가고자 하는 사람에게 시련과 넘어짐은 자신들의 정체성에 대해서 질문을 던지게 했다.

도대체 그리스도인이 된다는 것은 무엇을 의미하는가? 그리스도를 따름은 무엇을 말하는가? 바울은 실패의 가능성이 있는 자들을 격려하며, 그들이 넘어지지 않고 소망을 가지고 살아갈 것을 격려하고자 했다. "내가 약할 때, 하나님이 강해지신다." 이것은 그가 가르치고자 했던 복음의 핵심 내용이었다.

그래서 바울은 고린도전서 14장 18절에서 말하였듯이 다른 사람보다 방언으로 더 많이 말할 수 있었지만, 인간의 언어로 말하기를 선택하였다. 같은 방식으로 그는 온갖 종류의 영적인 경험을 해 보았지만, 중요한 것은 그것이 아니라 이를 가능하게 했던 하나님의 은혜였음을 강조한다.

## 약함은 나를 쓰러뜨릴 수 없다

바울이 고린도후서 전체를 통해서 전하고자 하는 메시지의 핵심은 약함이 곧 '길'이라는 것이다. 연약한 사람이 강해진다는 것이다.

호메로스(Homeros)의 오디세우스는 자기의 지혜를 자랑하고, 아킬레스는 힘을 자랑한다. 세상은 우리에게 강한 자가 되라고 이야기한다. 약함은 무엇인가 부족함을 의미하고, 결국 패배감과 연결된다. 약함을 견디지 못한다. 약하면 실패자처럼 느껴지기도 한다. 그러나 그리스도인은 바울이 강조하는 바와 같이 약함을 자랑한다.

신앙이라는 것이 그럴까? 믿음이 좋으면, 언제나 매일이 내 인생 최고의 날처럼 느껴질까? 하나님은 여호수아를 모세의 후계자로 세우신 후에 강하고 담대하여지라고 하셨다(수 1:6). 바울도 은혜 속에서 강한 자가 될 것을 강조하였다(딤후 2:1). 기독교 신앙은 견고한 소망을 장려하고 당면한 문제들에 대한 도움을 약속한다.

그런데 우리의 현실은 그렇지 않다. 승리를 원하지만, 넘어짐에 더 익숙하다. 누군가의 간증을 들을 때는 은혜가 되다가도, 정작 현실에서 아무런 변화를 체험하지 못하는 자신을 보면서 내가 무엇이 잘못되었나 하는 생각이 들기도 한다.

주님은 말씀하신다. "내 은혜가 네게 족하다." 여기서 "족하다"는 헬라어로 아르케이('Αρκεῖ)다. '아르케이'라는 말의 뜻은 '만족하다', '충분하다'다. 이것을 다시 번역하면, "내 은혜로 충분하다" 혹은 "내 은혜로 만족해라"가 된다. 고난이 있다. 어려움이 있다. 하지만 주님이 우리에게 주신 은혜는 고난을 견디기에 충분하다는 뜻이다.

만약 '아르케이'를 '만족하라'로 번역하면 고난 가운데 있지만 내가 받은 은혜로 만족하라는 의미가 된다. 이것은 뒤이어서 나오는 "내 능력이 약한 데서 온전하여짐이라 하신지라"라는 말씀과 연결하면, 그 의미가 분명해진다. 본문에서 '온전하게 하다'는 헬라어로 텔레이타이(τελειοῦται)인데, 주로 완성이나 성취를 의미한다. 여기서 핵심은 제거되는 것이 아니라 달성되는 데 있다.

우리는 우리의 약함이 제거되는 것에 관심이 있다. 그런데 주님은 말씀하신다. "너의 약함을 그대로 두어라. 약함은 장애가 아니다. 약함은 너를 쓰러트릴 수 없다. 오히려 너를 완성시키는 기회가 된다."

이 말씀은 우리에게 우리가 갖는 어려움, 한계, 장애, 좌절에 대해서 어떻게 대해야 하는가를 가르쳐 준다. 생각해 보면, 바울은 은혜가 많았다. 그런데 육체의 가시가 그 받은 많은 은혜를 가릴 수 있었다.

우리도 그렇다. 대부분 있는 것보다 없는 것이, 더 크게 보인다. 그것 때문에 받은 은혜를 잊어버리기도 한다. 건강하지 않으면 제자가 안 될 것인가? 성공하기 전에는 제자가 안 될 것인가? 성경은 복음을 살아 내라고 한다.

만약 하나님이 당신에게 "내 은혜가 네게 족하다"라고 말씀하시면 어떻게 하겠는가? 살아 내야 한다. 아프면 아픈 대로, 없으면 없는 대로, 약하면 약한 대로 살아야 한다.

광야는 고난이 아니라 기회다. 에이미 멀린스 역시 "역경은 장애가 아니라 기회"라고 말했다. 이스라엘 백성에게 광야는 그들에게 자신의 자아와 능력을 일깨워 주기 위해서 꼭 필요한 기간이었다. 광야를 지나는 동안, 이스라엘 백성들의 관심은 먹고 마시는 것이었다. 하루하루가 힘들고 막막했다. 그런데 40년이라는 긴 시간을 버텼다.

우리의 관심은 떡이다. 먹고 마시고 입는 것이다.
그런데 하나님은 "사람이 떡으로만 사는 것이 아니요
여호와의 입에서 나오는 모든 말씀으로"(신 8:3) 사는
것이라고 말씀하신다.

또 "네 하나님 여호와의 명령을 지켜 그의 길을 따라가며
그를 경외할지니라"(신 8:6)라고 하신다.

하나님은 왜 우리를 광야로 인도하실까? 우리가
추구하는 대상이 무엇인가를 가르쳐 주기 위함이다.
애굽의 풍요로운 땅이 우리가 추구할 것이 아니라
하나님이 되어야 한다는 것이다. 우리의 현실은 광야다.
이것이 우리의 실존이다. 그러나 낙망하지 마라. 광야와
같은 인생길을 동행하시며 그 길에서 적절하게 이른
비와 늦은 비를 주시는 하나님이 계신다.


## 약함을 통해 온전히 빚으신다

존 마크 코머(John Mark Comer)는 《24시간 나의
예수와》(Practicing the Way)에서 기독교 신앙의 본질이
'예수를 따르는 삶'(following Jesus)에 있음을 강조한다.
그런데 사람들은 주님을 따르지 않고, 오히려 마치

마우스로 커서를 끄는(drag) 것처럼 예수님을 자기 뜻대로 이끌어 가려고(dragging Jesus) 한다. 예수를 자기 뜻대로 끌고 다니는 신앙은 인생의 방향을 스스로 결정하고, 예수님은 내가 원하는 것을 지지해 주기를 원한다.

그러나 이것을 올바른 태도가 아니다. 주님을 따라가야 한다. 내가 잘될 때도 주님을 따라야 하지만, 어려움 중에도 주님을 따라가야 한다.

찬양 사역자 지선은 15세 때, 가정 폭력을 견디다 못해 어머니가 가출하는 아픔을 겪어야 했다. 이후 그녀는 2살 터울의 남동생과 큰아버지 댁에 얹혀살게 된다. 학교에서는 왕따로 따돌림을 당하고, 큰집에서도 눈칫밥을 먹고 살아 눈물이 마를 날이 없던 어린 시절, 그녀의 유일한 소원은 큰집에서 벗어나는 것이었다.

절망 가운데 있던 그녀에게 희망의 빛줄기가 비추기 시작했다. 당시 지선 자매를 눈여겨보던 음악 교사의 도움으로 음대에 진학할 수 있었다. 베를린에 있는 한 음악대학교에서 장학금을 받고 유학을 떠나려고 하던 어느 날, 자신의 삶을 되돌아보니 고통과 좌절로 가득할 것 같았던 인생 속에 감사가 있음을 깨닫게 된다. 여러 번 삶을 포기할 정도로 고통스럽고, 원망과 후회와

죄책감으로 얼룩졌던 시간들. 그러나 그런 자신을 따듯하게 품어 주신 하나님을 느끼게 되면서 유학을 포기하고 새벽마다 기도하며 예배하는 삶을 시작한다.

이후 대전시립합창단 단원으로 활동하며 결혼, 출산 등 평범한 행복을 누리던 어느 날, 둘째 아이를 씻기는 사이 큰아이가 몸이 젖은 채로 젓가락을 콘센트에 꽂아 감전되는 사고가 일어난다. 이 사고로 큰아이는 열 손가락 신경과 관절이 다 끊어지는 중상을 입었다. 고통과 절망이 밀려오는 순간에도, 그녀는 하나님을 신뢰하는 믿음과 성경 어디에도 '고난이 저주'라고 한 적이 없다는 말씀을 붙들며 끝까지 희망을 잃지 않았다.

그녀는 고난 가운데 축복을 써 가시는 하나님을 기대하며 노래를 불렀고, 찬양 사역자의 길을 걸어가게 된다. 그녀는 말한다. "전에도 찬양했고, 지금도 찬양하고, 앞으로도 찬양할 것이다." 남에게 인정받지 못할 때도 찬양했다. 내가 아플 때도 복음을 살아 냈고, 또 하나님의 은혜 속에 강한 자 된 지금도 복음으로 살아갈 것이고, 또다시 약한 자로 살지라도 복음을 살겠다는 그녀의 말이 감동된다.

성공은 쫓아가는 것이 아니라 예수님을 따르다 보니 그렇게 된 것이다. 약함이 길일 수 있다. 그 약함 가운데 주님을 의지하면서 복음을 살아 낸다면 우리도 바울처럼 하나님의 능력이 나의 약함 가운데 온전히 드러남을 바라보게 될 것이다.

우리는 지금 어려운 시대를 살아가고 있다. 날마다 넘어지고 또 넘어진다. 우리에게 필요한 것은 예수 그리스도를 따르는 것이다.

"내 능력이 약한 데서 온전하여짐이라 하신지라"(고후 12:9). 이것이 바울이 고린도교회에 가르쳐 주고 싶은 메시지였다. 그리스도인의 능력은 약함 안에서의 능력이다. 우리는 우리의 약함이 사라지기를 원하지만, 하나님은 오히려 그 약함을 통해 우리를 온전히 빚으신다. 누구에게나 육체의 가시가 있다. 그것은 우리를 넘어트리게 하는 장애물이 아니라 오히려 우리를 강하게 하고 앞으로 나가게 하는 디딤돌임을 기억하자. 그렇게 한다면 우리는 부름을 받은 그곳에서 주님을 따르게 될 것이다. 쿨하게 약함을 인정하자. 그리고 약함 속에서 역사하시는 주님을 바라보자.

성경은 우리에게 강한 자가 되라고 하지 않는다. 은혜 속에서 강한 자가 되라고 하신다. 하나님의 은혜가 족하다. 나에게 있는 것으로도 주의 일을 할 수 있다.

복음은 '잘되는 나'가 아니다. 복음의 가치는 우리가 힘든 것보다 더 커서, 그럼에도 불구하고 살아가는 것이다.

　부르신 곳에서
　나는 예배하네
　　　　　　　　　　- CCM 〈부르신 곳에서〉 중에서

　부르신 곳에서 하나님을 예배해야 한다. 어떤 상황에도 하나님을 예배해야 한다. 부름을 받은 그곳에서 주님을 따라야 한다. 우리를 부르신 현장에서 우리가 있는 그 상황에서 주님을 따르는 것이 우리의 신앙이다.
　예수님을 끌고 다니는 것이 아니라 오늘도 그분의 뒤를 따라가는 삶, 이것이 우리가 추구해야 할 삶의 모습이다. 약함 속에서 역사하시는 주님을 바라보자. 그리고 고난이 몰려올 때. 우리가 받은 은혜는 그 모든 것을 견뎌 내게 할 수 있음을 기억하자. 약함을 통해 우리를 온전히 빚어 가시는 하나님을 믿음으로 기대하자. 약함이 길일 수 있다.

🕯 **나의 결심 고백하기**

하나님의 능력은
약한 데서
온전해집니다

하나님의 은혜로
나는 충분합니다

\# 세상에 희망이 없을 때
\# 이사야 6:1-13

# 10

## 절망의 시대에서
## 충만한 영광을 보다

○
○
○

《와일드》(Wild)는 셰릴 스트레이드(Chery Strayed)가 캘리포니아 남부에서 출발해서 캐나다 국경에 이르는 4,285km의 하이킹 여정을 기록한 회고록이다.

 셰릴이 트레킹을 떠나기 4년 전에 그녀의 어머니가 폐암으로 세상을 떠났다. 가난하고 불우했던 어린 시절을 보냈던 그녀의 유일한 삶의 희망이었던 어머니의 갑작스러운 죽음으로 큰 혼란에 빠지게 된다. 폭력적인 아버지 밑에서 학대를 받고 자란 셰릴에게 엄마는 절대적인 존재였다. 남편의 폭력을 견디지 못한 셰릴의 어머니는 7살 된 셰릴과 두 동생을 데리고 아버지로부터 도망쳤다. 여성 혼자서 아이 셋을 키우는 게 쉽지는 않았지만, 어린 시절에 셰릴의 가족은 소박하지만, 화목하게 살았다.

엄마는 그녀가 믿고 의지할 수 있는 유일한 존재이자 그녀를 살아가게 하는 원동력이었다. 어머니의 죽음으로 인생이 송두리째 흔들린 그녀는 혼란 속에 방황하기 시작한다. 마약에 빠져 쓰레기와 같은 삶을 살던 셰릴은 어느 날 휴대용 삽 한 자루를 사기 위해 야외용품 판매점에 갔다가 진열대에 전시되어 있던 《퍼시픽 크레스트 트레일》(Pacific Crest Trail)이라는 책을 보게 된다.

이 책은 캘리포니아 남부에서 출발해서 캐나다 국경에 이르는 4,285km의 하이킹 안내 책자였다. 살아갈 이유가 절실했던 그녀에게, 그 책은 무엇인가를 해 볼 수 있는 계기를 준다.

"신기하게 이 여행을 하고 싶다는 간절한 열망이 내 안에서 좀처럼 사라지지 않았다. 낯선 세계의 문을 열고 들어가 예측 불허의 도전과 맞닥뜨려지고 싶었다."

2012년 3월 출간된 이 책은 그 해 〈뉴욕 타임스〉(New York Times) 논픽션 부문 1위를 했고, 아마존 선정 올해의 책으로 선정되었으며 이후 40여 개 언어로 번역되었다. 이 책에 나오는 문구 가운데 "그냥 계속해서 길을 걷는 것일 뿐이다"라는 말이 가슴에 와닿았다.

길이 보이지 않을 때, 어디로 가야 할지 모를

때, 어떻게 해야 할까? 셰릴의 말을 빌리자면, 그냥 계속해서 길을 걸어가면 된다.

## 걸으면, 길이 보인다

빅터 프랭클은 《죽음의 수용소에서》에서 "찾아가는 과정이 아름답다"라고 말했다. 우리는 늘 하나님 뜻을 명확히 알아야 한다는 강박관념이 있다. 모르면 아무것도 안 할 것인가? 결과보다는 과정이 아름답다.

픽사(Pixar)의 창립자 에드윈 캣멀(Edwin Catmull)은 첫 번째 버전은 언제나 실패작이라고 말했다. 중요한 것은 그 실패한 초안을 지우고, 다시 그려 가는 것이다. 그러는 가운데 완성된 버전이 나온다. 책을 100권 쓴 사람이건 아니면 한 권도 쓰지 못한 사람이건 누구나 빈 페이지에서 출발한다. 지금 우리에게 필요한 것은 나아가는 것이다. 지금 우리에게 필요한 것은 무엇일까? 행복은 환경과 재능의 문제가 아니라 용기의 문제라고 알프레드 아들러가 말했다. 우리에게는 용기가 필요하다.

아버님은 해방 직후 이북에서 내려오셔서

자수성가하신 분이셨다. 그런 아버님의 눈에 어린 시절의 나는 눈에 안 차셨던 것 같다. 늘 "게으른 자여, 그대 이름은 라영환이니라"라고 말씀하시곤 했다.

그런데 나이가 들어가면서 생각해 보니 어린 시절에 나는 게을렀던 것이 아니라 두려웠던 것이었다. 나는 완벽을 요구하시는 아버님의 기대에 부응할 자신이 없었다. 무엇을 해서 야단맞는 것보다 아무것도 안 하고 욕을 안 먹는 것을 선택했다.

믿음의 상대되는 말은 불신이 아니라 두려움이다. 믿음은 행동을 수반한다. 하지만 두려움은 행동으로 표현되지 못한다. 실패로 인생을 망칠 수 있다는 생각이 우리의 발목을 잡는다. 지는 것을 두려워하면 대부분 상황에서 질 수밖에 없다. 위험 요소를 고려해야 하지만, 그것이 결정적인 것은 아니다. 인생은 어떤 리스크를 만날 것인가로 결정되는 것이 아니라 어떤 가능성을 선택할 것인가에 따라 결정된다.

걷다 보면, 길이 보이게 되어 있다. "주께서 나의 등불을 켜심이여 여호와 내 하나님이 내 흑암을 밝히시리이다 내가 주를 의뢰하고 적군을 향해 달리며 내 하나님을 의지하고 담을 뛰어넘나이다"(시 18:28-29).

'이사야'는 '여호와는 구원이시다'라는 뜻이다. 그

이름처럼 이사야의 핵심 메시지는 하나님의 구원이다. 이사야서는 다른 예언서와는 조금 다른 구조로 되어 있다. 그것은 대부분의 선지자는 하나님의 부르심이 있고 난 이후에 자신의 사역을 시작하는 반면에 이사야는 이들과 달리 먼저 1장부터 5장에서 이사야 선지자가 선지자로 부름을 받을 당시 이스라엘의 영적인 상태가 어떠했는지를 보여 주고, 6장에서 선자로서의 자신의 소명을 이야기한다.

왜 이사야서는 다른 선지서와 달리 먼저 시대적인 맥락을 설명한 후에, 이사야의 소명에 관해서 이야기할까?

"웃시야 왕이 죽던 해에 내가 본즉 주께서 높이 들린 보좌에 앉으셨는데 그의 옷자락은 성전에 가득하였고 스랍들이 모시고 섰는데 각기 여섯 날개가 있어 그 둘로는 자기의 얼굴을 가리었고 그 둘로는 자기의 발을 가리었고 그 둘로는 날며 서로 불러 이르되 거룩하다 거룩하다 거룩하다 만군의 여호와여 그의 영광이 온 땅에 충만하도다 하더라"(사 6:1-3).

이사야 선지자는 웃시야 왕이 죽던 해에 선지자로 부름을 받았다. 여기서 우리는 먼저 이사야가 웃시야가 죽던 해에 환상을 보았다는 사실을 주목해야 한다.

이사야는 유다 왕 웃시야가 죽을 때 등장한다. 웃시야는 16세에 즉위하여 유다를 부강하게 만든 왕이었다. 그는 국민에게 열렬한 지지를 받았을 뿐만 아니라, 주변 국가들에서도 그 명성이 자자했다. 웃시야는 하나님의 말씀을 명확하게 선포하는 스가랴 선지자가 사는 날 동안은 하나님의 말씀을 따랐고, 말씀을 따라 사는 동안에는 하나님이 주시는 형통함의 축복을 누렸다. 하지만 이러한 과정을 거치면서 웃시야 왕은 점점 교만해졌고, 결국 하나님의 심판을 받아 문둥병에 걸리게 된다. 그리고 그의 아들 요담이 그의 뒤를 이어 왕이 되었다.

웃시야가 다스리던 때에 유다는 물질적으로는 풍요를 누리고 있었지만, 영적으로 큰 혼란에 빠져있었다. 그 혼란이란 다름이 아니란 옳고 그름에 대한 기준이 사라져 버린 것이었다. 공평과 정의가 사라졌다. 경제적 불평등이 심화하였고, 힘 있는 자가 힘없는 자를 억압하였다.

하나님은 이사야 선지자를 통해서 이러한 시대의 부정직함을 책망하셨다.
"공의대로 소송하는 자도 없고 진실하게 판결하는 자도

없으며 허망한 것을 의뢰하며 거짓을 말하며 악행을
잉태하여 죄악을 낳으며"(사 59:4).
"그들은 평강의 길을 알지 못하며 그들이 행하는 곳에는
정의가 없으며 굽은 길을 스스로 만드나니 무릇 이 길을
밟는 자는 평강을 알지 못하느니라 그러므로 정의가
우리에게서 멀고 공의가 우리에게 미치지 못한즉 우리가
빛을 바라나 어둠뿐이요 밝은 것을 바라나 캄캄한
가운데에 행하므로"(사 59:8-9).

이러한 혼란 속에서 사람들은 자기가 해야 할 일들이 무엇인지 알지 못하고 방황하고 있었다. 이사야 2장부터 5장은 유대의 죄와 소망 없음, 곧 아포리아(ἀπορία 길이 막힌)에 빠져 있던 당시의 절망적 상황을 묘사하고 있다. 바로 이러한 시대에 이사야는 깊은 고민에 빠져 있었다. 앞으로 우리 민족은 어떻게 될 것인가? 이사야는 그 사회 속에서 희망을 발견하지 못했다. 절망과 좌절 속에서 살았다.

## 절망 가운데 영광을 보다

이사야 6장은 하나님은 희망이라고는 도무지 찾아볼 수

없는 그 절망적인 상황 속에서 낙망에 빠진 이사야를 부르시고 그를 통해서 그 시대를 회복시키는 것을 그 내용으로 삼고 있다.

"웃시야 왕이 죽던 해에 내가 본즉 주께서 높이 들린 보좌에 앉으셨는데 그의 옷자락은 성전에 가득하였고 스랍들이 모시고 섰는데 각기 여섯 날개가 있어 그 둘로는 자기의 얼굴을 가리었고 그 둘로는 자기의 발을 가리었고 그 둘로는 날며 서로 불러 이르되 거룩하다 거룩하다 거룩하다 만군의 여호와여 그의 영광이 온 땅에 충만하도다 하더라"(사 6:1-3).

나는 여기서 하나님이 왜 이사야에게 이러한 환상을 보여 주셨을까 생각해 본다. 그것은 앞에서 이야기한 1-5장의 배경 속에서 이해해야 한다. 이사야가 절망한 이유는 한 마디로 그 사회가 희망이 없기 때문이었다. 그런데 하나님이 이 환상을 통해서 보여 주신다.

하나님은 그 시대 속에서 역사하신다. 이 시대에 가득한 하나님의 영광을 볼 수 있어야 한다. 하나님은 이사야에게 환상을 통하여서 하나님의 영광이 온 땅에 충만함을 보여 주신 것이다.

1-4절의 환상 가운데 키워드는 3절의 "하나님의 영광이 온 땅에 충만하도다"다. 이사야는 그 시대에

하나님의 영광이 없다고 생각했다. 그래서 절망에
빠졌다. 그런 이사야에게 하나님이 나타나셔서 당신의
영광을 보여 주신 것이다.

소명의 핵심은 영광이다. 하나님의 영광이 온 땅에
충만함이다. 영광이 없어 보이지만, 아니다. 영광이
있다. 이사야가 절망한 이유는 하나님의 영광이 없다고
생각했기 때문이었다.

이사야가 살던 시대는 꿈이 없는 시대였다. 하나님은
그런 그를 변화시키기 위하여 성전에 가득한 하나님의
영광을 보게 하였다. 이 환상을 통해 이사야는 하나님이
그 시대 속에서 역사하심을 깨닫게 된다.
"그때에 내가 말하되 화로다 나여 망하게 되었도다 나는
입술이 부정한 사람이요 나는 입술이 부정한 백성 중에
거주하면서 만군의 여호와이신 왕을 뵈었음이로다
하였더라"(사 6:5).

"화로다. 내가 망하게 되었다"라는 표현은 일종의
회개다. 성경학자들 가운데 일부는 이사야가 하나님의
영광을 본 후에 "화로다. 내가 망하게 되었도다"라고 한
것을 모세가 시내산에서 하나님을 뵌 후에 얼굴을 가린
것을 예로 들면서 인간이 영화로우신 하나님을 볼 때
나타나는 일반적인 현상이라고 본다.

하지만 이러한 해석은 이어지는 "나는 입술이 부정한 사람이요 입술이 부정한 백성 중에 거하면서 만군의 여호와이신 왕을 뵈었음이로다"라고 한 이사야의 고백을 설명하기에는 어려움이 있다.

이사야의 고백에서 주목할 것은 이사야가 입술의 부정을 주정한 백성의 입술과 연결했다는 것이다.

웃시야가 통치하던 시절에 이스라엘 백성은 그 시대에 하나님의 영광이 떠났다고 생각했다. 하나님의 영광이 떠난 삶은 절망뿐이었다. 여기서 우리는 이사야가 "화로다. 내가 망하게 되었다"라고 한 이유를 본다. 이사야의 환상의 핵심은 절망의 세대 가운데 하나님의 영광을 본 것이다. 이사야는 그동안 이러한 사실을 깨닫지 못했기 때문에 다른 사람과 똑같이 절망하고, 똑같이 부정한 말을 하며 살아왔다. 그래서 "하나님 나는 죽을 죄인입니다. 나는 이 세상에 희망에 품지 못했고, 나 역시 절망 속에서 살아왔습니다"라고 회개한 것이다.

성전에 가득한 하나님의 영광을 보면서 이사야는 비로소 그 시대를 향한 주님의 마음을 깨닫게 된다. 풍전등화와 같은 위기에 처한 유다 민족을 바라보면서 "내가 누구를 보내야 할 텐데, 갈 사람이 없구나" 하고 안타까워하시는 마음을 알아채고는 "하나님 나를 보내십시오. 내가 가겠습니다"라고 고백했다. 전에는 자신이 죄인이었고, 자신이 그 일을 감당할 사람이라고 생각하지도 않았지만, 이제라도 내가 그 일을 하겠다고 한 것이다. "이 사회가 그렇게 된 것이 나에게 책임이 있다. 이제라도 일어나 이 세대를 회복하는 일을 하겠다"라고 고백한 것이다.

이사야서 어디서도 그가 환상을 보고자 했다는 내용이 없다. 신앙의 변화를 추구했다는 표현도 없다. 그런데 환상은 그를 전혀 다른 차원으로 인도하였다. 그것이 무엇인가? 그 시대 가운데 하나님의 영광을 본 것이다. 하나님의 뜻을 본 것이다. 세상이 혼탁하지만, 하나님의 의는 언젠가 나타나리라는 것을…. 지금은 미혹의 영이 세상을 가리고 있지만, 곧 하나님의 영광이 온 땅에 나타날 것을 바라봤다. 그래서 "부정직한 입술이지만, 이제라도 하나님이 원하시면 하나님이 기뻐하는 삶을 살겠으니 나를 보내소서!"라고 결단한 것이다.

이것이 그 인생의 전환점이 되었다.

## 남은 자 덕분에 망하지 않는다

이사야서의 주제는 '남은 자 사상'이다. 본문에 나오는 거룩한 씨, 그루터기라는 표현이 이사야가 말하는 남은 자들을 비유적으로 말하는 것이다.

그러면 이사야서에 나오는 남은 자들은 누구를 말하는가? "만군의 여호와께서 우리를 위하여 생존자를 조금 남겨 두지 아니하셨더면 우리가 소돔 같고 고모라 같았으리로다"(사 1:9). 이 말의 의미가 무엇인가? 하나님이 조금 남겨 두신 이들은 어떤 사람들인가? 이것이 이사야서를 이해하는 키워드다.

먼저, 이 남은 자들은 의인들은 아닐 것이다. 왜냐하면, 만약 이들이 의인이었다면 하나님이 유다를 멸망시키지 않았을 것이다. 그렇다면 이 남은 자들은 어떤 사람들일까? 이사야의 소명은 우리에게 이 남은 자가 어떠한 자들인지 보여 준다.

그들은 남들처럼 낙담 가운데 살았지만, 이 세상을 향한, 이 시대를 향한, 교회를 향한, 우리 가정을 향한, 나를 향한 하나님의 뜻을 발견하고, 하나님의 뜻대로 살기로 작정한 사람들을 말한다. 이것이 이사야 6장이 우리에게 보여 주는 소명의 의미다. 자신도 부정한 사람이지만, 이제부터 부정직한 과거와 단절을 하겠다고 결단하는 그 순간 거룩한 씨가 되는 것이다.

우리가 의인이라서 구원받는가? 아니면 죄인이라서 구원받는가? 죄인이라서 구원받는 것이다. 그러나 우리가 그리스도의 은혜로 구원받는 순간 우리는 이 세상에서 거룩한 씨가 되는 것이다. 신약의 은혜 복음과 구약의 메시지는 다르지 않다. 이사야가 바로 최초의 남은 자였고, 그 시대 유다 성읍에 거하면서 이사야의 메시지를 듣고 거짓을 버리고 하나님의 말씀에 반응을 보인자들이 남은 자였다. 그리고 하나님은 시대마다 이러한 그루터기들을 통하여 당신의 뜻을 이루어 가셨다.

이사야는 이렇게 말한다. "나 여호와가 말하노라 너희는 나의 증인, 나의 종으로 택함을 입었나니 이는 너희가 나를 알고 믿으며 내가 그인 줄 깨닫게 하려 함이라 나의 전에 지음을 받은 신이 없었느니라 나의 후에도 없으리라"(사 43:10).

우리는 이 시대에 하나님이 종으로 하나님의 뜻을 실천하는 사람들로 부름을 받았다. 나는 우리나라가 그나마 이렇게 된 것, 아직도 우리에게 남은 희망이 있는 것, 소돔과 고모라와 같이 망하지 않은 것이 남은 자 덕분이라고 생각한다. 이사야서에 나오는 '야곱, 이스라엘, 그루터기, 거룩한 씨' 등은 다 같은 의미로 사용되었다. 이시야 66장 18-21절에 따르면, 이들은 그 회복에 참여하는 자들이다.

이 시대의 남은 자들의 사명은, 거룩한 씨의 사명은 먼저 과거로부터 단절하는 것이다. 과거로부터의 단절이란 다음이 아닌 그 시대에 만연한 절망으로부터의 단절이다. 그리고 하나님의 뜻대로 살아가는 것이다.

이사야서는 '남은 자들, 그루터기들, 거룩한 씨들'에게 주는 격려의 메시지다. 그 핵심은 약한 자들이, 스스로 힘이 없다고 느끼는 자들이 힘을 얻게 되리라는 것이다.

"버러지 같은 너 야곱아, 너희 이스라엘 사람들아 두려워하지 말라 나 여호와가 말하노니 내가 너를 도울 것이라 네 구속자는 이스라엘의 거룩한 이이니라 보라 내가 너를 이가 날카로운 새 타작기로 삼으리니 네가 산들을 쳐서 부스러기를 만들 것이며 작은 산들을 겨 같이 만들 것이라 네가 그들을 까부른즉 바람이 그들을 날리겠고 회오리바람이 그들을 흩어 버릴 것이로되 너는 여호와로 말미암아 즐거워하겠고 이스라엘의 거룩한 이로 말미암아 자랑하리라"(사 41:14-16).

이사야서에 '야곱, 이스라엘, 거룩한 씨, 남은 자'는 같은 의미로 사용된다고 말했다. 하나님이 그 시대를 변화시키기 위해서 사용하시는 사람들을 향해서 "너 용사여"라고 하시지 않고, "너 지렁이 같은 자여!"라고 하신 이유가 무엇인가? 이것이 우리에게 무엇을 가르쳐 주는가?

우리가 위대해서 하나님이 우리를 선택하신 것이 아니라는 뜻이다. 하나님의 선택하심으로 보통 사람인 우리가 위대한 사람이 되어 간다. 우리가 이 세대를 책임지는 것은 나에게 능력이 있어서가 아니다. 주님이 우리에게 힘을 주시기에 가능한 것이다.

## 고백 위에 새 시대가 열린다

이사야 선지자가 말한다. "두려워하지 말라 내가 너와 함께함이라 놀라지 말라 나는 네 하나님이 됨이라 내가 너를 굳세게 하리라 참으로 너를 도와주리라 참으로 나의 의로운 오른손으로 너를 붙들리라"(사 41:10).

무엇이 우리의 힘인가? 히스기야가, 다윗이 하나님께 책망받은 이유가 무엇인가? 그 자신이 지렁이임을 깨닫지 못하고, 병거와 기병을 의지하였기 때문이 아닌가? 우리의 힘이 숫자에 있지 않다. 지렁이 같은, 벌레 같은 우리를 이가 날카로운 새 타작 기계로 삼으시는 하나님을 바라보자. 그 하나님을 믿고 거대한 시대 정신을 향해서 앞으로 나가 보자. 우리는 할 수 있다.

지금까지 실패하였는가? 이사야의 메시지가 무엇인가? "보라 내가 새 일을 행하리라." 하나님이 우리에게 새 일을 행하기를 원하신다. 시간은 우리에게 새로움으로 다가오는데, 우리는 늘 과거의 경험으로 대답하려고 한다. 이것이 우리가 기적을 체험하지 못하는 이유다.

우리가 지금까지 알고 있는 지식들, 그것은 다 과거 경험의 종합들이다. 과거에는 유용했을지 모르지만, 시간의 새로움 앞에서는 쓸모없는 것들일 수 있다. 무덤 앞에 울고 있는 마르다에게 예수님이 돌문을 열라고 했을 때, 마르다는 오빠가 죽은 지 3일이나 된다고 대답하였다. 주께서 38년 된 병자에게 일어나 걸으라 했을 때 그가 만약 지난 38년간 일어나지 못했다고 대답만 했다면 기적을 체험하였을까?

고대 그리스는 과거의 영광을 보면서 오늘의 대답을

찾았다. 플라톤은 아틀란티스를 영광의 시대로 보았다. 그러나 기독교는 과거가 아니라 미래에 초점을 맞춘다. 다가올 하나님의 나라에서 그 대안을 찾는다. 지나간 시대를 그리워하지 말자. 과거의 영광을 그리워하지 말자. 미래를 바라보자. 새 일을 행하시는 하나님, 광야에 길을 사막에 강을 흐르게 하시는 하나님을 보자. 이게 회복이다.

역사의 끝에 희망이 있다. 지금은 지는 것 같아도, 결국은 이긴다. 요한계시록이 우리에게 보여 주는 것이 바로 이것이다. 하늘의 영광을 보여 주며 성도들이 이미에 실망하지 않고 아직 이루어지지 않은 미래에 소망을 두고 살아가도록 격려한다. 이 메시지는 견디는 자에게 주어지는 생명의 면류관이다. 지금 우리는 어려운 시기를 지나고 있다. 그러나 이것은 끝이 아니다. 아직 우리에게 남은 기회가 있다.

우리는 다시 시작할 수 있다. 그렇게 하기 위해서는 먼저 이 땅에 가득한 하나님의 영광을 보아야 한다. "다시 시작하겠습니다. 이제부터 다시 시작하겠습니다. 다시 일어서길 원합니다. 지난 나의 삶을 정리하고 주님이 원하시는 삶을 살기를 원합니다. 이 시대를 바꾸는 그일, 비록 벌레 같은 인생이지만, 나도 그

속에서 똑같이 그들과 같이 실망하며 살았지만,
이제부터 주님이 기뻐하시는 그 삶을 살겠습니다.
힘이 들어도, 어떤 대가를 지급하더라도 그 길을
가겠습니다"라고 결단하자. 이 고백 위에 새로운 시대가
열릴 것이다.

이사야의 고백 위에 부흥이 일어난 것처럼, 그리고
베드로의 고백 이후 우리가 사도행전에서 보듯이 하루에
3,000명이 회개하는 역사가 일어난 것처럼 오늘 우리의
고백 위에 새로운 시대가 열릴 것이다.

## 나의 결심 고백하기

이 시대에 충만한
하나님의 영광을
봅니다

새 일을
행하실 주님을
소망하며 살아가겠습니다

\# 주님께 드릴 게 없을 때
\# 누가복음 2:8-20

# 11

## 복음은
## 작은 자를
## 꿈꾸게 한다

○
○
○

요즘에는 많이 보이지 않지만, 예전에는 12월이 되면 문구점에 크리스마스카드가 전시되었다. 당시 카드에 가장 많이 등장한 이미지가 아기 예수님, 동방박사 그리고 목자들이었다.

그런데 생각해 보면 성탄절 이야기에 목자들이 들어가는 것이 약간은 어색하다는 생각이 든다. 아기 예수님이야 주인공이니까 당연하고, 동방박사들도 메시아 탄생을 고대하였고, 별을 보고 예루살렘으로 왔으므로 예수님의 탄생 이야기에 등장할 명분이 충분히 있다. 하지만 목자들에게는 그런 명분이 없다.

그들은 예수님의 탄생을 기다리지도 않았다. 동방박사들은 아기 예수님의 탄생을 축하하면서 황금과 유향과 몰약을 드렸다. 목자들은 무엇을 드렸나?

없다. 아무것도 드리지 않았다. 준비된 것이 없었기
때문이다. 동방박사는 아기 예수님을 보고 경배했다.
그런데 목자들이 경배했다는 이야기가 없다. 천사들의
이야기를 들었지만 경배하지 않았다. 단지 자신들이
천사들에게 들은 이야기들을 마리아와 요셉에게
이야기했을 뿐이다.

적어도 이 부분까지만 보면, 목자들은 예수님의
탄생 이야기에 들어가기에 적절해 보이지 않는다.
그런데 성경은 왜 예수님의 탄생 이야기에 목자들을
포함했을까?

## 목자들이 기쁜 소식의 주인공이 되다

본문의 이야기는 밤에 밖에서 자기 양 떼를 지키는
목자들에게 천사가 나타나는 것으로 시작된다. "그 지역에
목자들이 밤에 밖에서 자기 양 떼를 지키더니"(눅 2:8).

시간적 배경을 보면 밤이다. 우리 성경에 그 지역에
목자들이라고 간단히 번역했지만, 원문 성경을 보면,
아기 예수님이 태어난 지방의 들판에 사는 목자들로
되어 있다. 목자들이 자기 양 떼를 돌보았다는 표현으로

보아 관리인은 아니었을 것이다. 자기 양 떼를 치는 목자들이 왜 밤에 밖에서 자기 양 떼를 쳤을까? 아마도 자기 땅이 없어서 들에서 이동하면서 양을 칠 수밖에 없는 가난한 유목민들이었을 것이다.

어찌 되었든 목자들이 저녁에 양 떼를 지키고 있을 때, 갑자기 하늘에서 빛이 나더니 천사가 나타나 말한다. "무서워하지 말라 보라 내가 온 백성에게 미칠 큰 기쁨의 좋은 소식을 너희에게 전하노라"(눅 2:10).

목자들에게 전한 소식이 무엇인가? '온 백성에게 미칠 큰 기쁨의 좋은 소식'이다. 천사들이 목자들에게 전한 소식은 온 백성들에게 전달되어야 할 소식이었다. 사실, 이 소식을 많은 이들에게 전파하려면, CNN(Cable News Network)이 훨씬 적절했을 것이다. 온 세상에 미칠 큰 기쁨의 좋은 소식은 널리 알려져야 하고, 널리 알려지려면 목자들보다는 유명인(celebrity)이 더 효과적이다.

하지만 성경은 그 큰 기쁨의 좋은 소식을 알리는데 목자들을 등장시켰다. 사회적인 파장을 고려하면 유력한 사람들에게 알리면 된다. 그런데 그 좋은 소식을 사회적으로 영향력이 없는 목자들에게 알렸다. 천사들이 예수님의 탄생을 목자들에게 알린 이유가 무엇일까?

동방박사의 등장 이후로 온 예루살렘 성이 소동했지만(마 2:3), 목자들의 등장이 주변에 어떤 동요를 일으켰다는 내용이 성경에 없다. 사회적 파장은 동방박사들이 더 컸다. 파장을 고려하면 대제사장이나 유력한 사람에게 이 소식을 알리는 것이 맞다. 그런데 왜 성경은 온 백성에게 미칠 큰 기쁨의 소식을 목자들에게 전했을까?

2장 20절은 이것과 관련하여 아주 중요한 사실을 우리에게 가르쳐 주고 있다. "목자들은 자기들에게 이르던 바와 같이 듣고 본 그 모든 것으로 인하여 하나님께 영광을 돌리고 찬송하며 돌아가니라"

목자들은 듣고 본 그 모든 것으로 인하여 하나님께 영광을 돌리고 찬송하며 돌아갔다. 듣고 본 모든 것이 무엇인가? 천사들의 말과 아기 예수님이다.

이들이 하나님께 영광 돌리고 찬송하며 돌아간 이유를 알기 위해서는 다시 앞선 11절과 12절의 내용을 살펴보아야 한다. "오늘 다윗의 동네에 너희를 위하여 구주가 나셨으니 곧 그리스도 주시니라 너희가 가서 강보에 싸여 구유에 뉘어 있는 아기를 보리니 이것이 너희에게 표적이니라 하더니"

누구에게 표적이 되는가? 목자들이다. 아기를 보는 것이 다른 사람들이 아니라 목자들에게 표적이 된 것이다. 여기서 "너희"란 목자들을 가리킨다. 강보에 싸여 구유에 누인 아이를 보는 것이 목자들에게 표적(sign)이 되리라는 것이다. 그 말씀대로, 그들은 아기 예수님을 통해서 그 표적을 보았다.

구유에 누인 아기 예수님을 본 순간, 목자들은 놀랐다. 그들은 생각했을 것이다. '도대체 이 위대한 일을 우리에게 보이신 이유가 무엇일까? 우리보다는 유명인들이 훨씬 더 효과적일 텐데, 우리에게 보여 주시다니….' 그래서 그들은 "듣고 본 그 모든 것으로 인하여 하나님께 영광을 돌리고 찬송하며"(눅 2:20) 돌아갔다.

## 하나님이 역사하시는 방법

"무서워하지 말라 보라 내가 온 백성에게 미칠 큰 기쁨의 좋은 소식을 너희에게 전하노라"(눅 2:10)라고 한 천사의 말을 다시 생각해 보자. 그 소식을 들어야 할 사람은 온 백성이다. 그 온 백성 안에 목자들도 포함되어 있었다.

중요한 것은 그 소식을 온 백성에게 전하기에 앞서
목자들에게 먼저 들려줬다는 것이다.

    목자들이 찬송하며 하나님께 영광을 돌린 이유는 그
일들을 통하여 자신들이 그 기쁜 소식의 주인공들임을
깨달았기 때문이다. 그래서 하나님께 영광을 돌리며
기억하고 찬송하며 돌아간 것이다.

    예수님의 탄생에 목자들이 끼어든 이유는 바로
이러한 복음의 특성을 보여 주기 위함이었다. 자격도
없고 준비도 안 되었지만, 예수님의 탄생 이야기에
초대해 주신다. 그리고 그들에게 말씀하신다. "너는
하나님이 이 땅에 심으신 의의 나무"라고. 이것이
복음이다.

    천사들이 목자들에게 준 큰 기쁨의 좋은 소식, 그것은
자신을 긍정적으로 볼 수 없던 목자들을 인정하시는
하나님의 무한 긍정이다. 그래서 목자들이 하나님께
영광을 돌리고 찬양을 한 것이다.

    들에서 찬 이슬 맞아가면서 밤을 지새울 수밖에 없는
목자들, 거처할 곳이 없이 떠돌아야만 하는 목자들,
오늘이 가고 내일이 온다고 해서 그렇게 달라질 것
같지 않은 삶의 목자들. 그러나 하나님은 그들이 달릴
것이라고, 의의 나무가 될 것이라고, 온 세상에 미칠 큰 기쁨의 소식을 전할 것이라고 말씀하셨다.

믿음은 우리의 시선을 바꾼다. 현실이 아닌 약속을 바라보게 한다. 현실을 보면, 우리는 목자들과 같다. 세상의 시각은 상대적이다. 나를 남과 비교하면 나의 의미는 축소될 수밖에 없다. 그러나 하나님의 눈으로 나를 바라보면 나의 의미는 달라진다.

목자들은 온 세상에 미칠 큰 기쁨의 좋은 소식이 자신들에게 먼저 알려진 것에 대해 놀랐고, 가슴이 뿌듯해졌고, 자부심이 생겼다. 이것이 바로 복음의 역할이다.

"베들레헴 에브라다야 너는 유다 족속 중에 작을지라도 이스라엘을 다스릴 자가 네게서 내게로 나올 것이라 그의 근본은 상고에, 영원에 있느니라"(미 5:2).

우리는 예수의 탄생과 관련한 베들레헴 코드(code, 암호)를 볼 수 있어야 한다. 예수님이 어디서 태어났는가? 베들레헴이다. 왜 예수님은 그 많고 많은 유대 땅 가운데 베들레헴에서 태어나셨을까? 선지자 미가는 그 이유가 베들레헴이 유다 족속 가운데 가장 작기 때문이었다고 말한다.

동방박사들이 예루살렘으로 간 것은 아마도

그들에게 위대한 인물은 예루살렘 성에서 태어나겠지라는 선입견이 있었던 것 같다. 그래서 서슴지 않고 헤롯 궁으로 들어갔다. 오늘날의 우리도 그렇다. 하나님이 사용하실 사람들은, 이 세상을 움직일 사람들은 적어도 이러저러한 조건을 가져야 한다고 생각한다. 그러나 성경은 우리의 눈을 유대 땅에서 가장 작은 베들레헴으로 돌린다.

작은 자가 위대한 일을 할 수 있다. 모세는 이스라엘 백성들에게 하나님이 이스라엘을 선택하신 이유가 바로 그들이 모든 민족 가운데 가장 작기 때문이라는 사실을 강조하고 있다.
"여호와께서 너희를 기뻐하시고 너희를 택하심은 너희가 다른 민족보다 수효가 많기 때문이 아니니라 너희는 오히려 모든 민족 중에 가장 적으니라"(신 7:7).

영화 〈반지의 제왕〉(The Lord of the Rings)에서 주인공 프로도는 아르곤이나 레골라스 또는 간달프에 비교해 내세울 것이 없다. 영화에서도 아르곤이나 레골라스 또는 간달프가 더 주목받는다. 그러나 이 긴 전쟁의 이야기는 아르곤이나 레골라스 그리고 간달프에 의해서 끝나지 않고 프로도에 의해서 마무리된다.

베들레헴 코드는 우리에게 하나님이 역사하시는

방법을 보여 준다. 예수님의 오심은 작은 마을을
위대하게 만드는 것이다. 바울은 그의 서신 여러 곳에서
세상의 약한 것, 미련한 것, 어리석은 것이라는 표현을
즐겨 쓰면서 하나님이 이 세상 속에서 역사하시는
방법이 크고 화려한 것이 아니라 작은 것임을 강조하고
있다.

## 작은 자에게 큰일을 맡기시다

예수님은 마태복음 13장에서 천국을 작은 겨자씨에
비유하셨다. 왜 예수님은 천국을 겨자씨에
비유하셨을까? 왜냐하면, 겨자씨가 다른 어떤 것보다도
작기 때문이다. 예수님은 천국이라고 하는 큰 것을 작은
겨자씨에 비유하심으로써 천국에 대한 커다란 이미지를
가지고 있었던 사람들의 기대를 산산조각 내셨다.

　겨자씨는 하나님 나라일 수도 있고, 또 그 길을
걸어가고자 하는 제자들일 수 있다. 작음에 실망하지
말라는 것이다. 결국 큰 나무가 된다는 것이다. 눈에
보이는 것에 흔들리지 말고 믿음을 가지고 나가라는
것이다.

이러한 역설적인 관계는 바울의 메시지에도 자주 등장한다. 바울은 그의 서신 여러 곳에서 세상의 약한 것, 미련한 것, 어리석은 것이라는 표현을 즐겨 쓰면서 하나님이 이 세상 속에서 역사하시는 방법은 크고 화려하지 않고, 작은 것임을 강조한다.

"마리아가 이르되 내 영혼이 주를 찬양하며 내 마음이 하나님 내 구주를 기뻐하였음은 그의 여종의 비천함을 돌보셨음이라 보라 이제 후로는 만세에 나를 복이 있다 일컬으리로다능하신 이가 큰일을 내게 행하셨으니 그 이름이 거룩하시며 긍휼하심이 두려워하는 자에게 대대로 이르는도다"(눅 1:46-50).

마리아는 그녀가 찬송하는 이유를 하나님이 자신의 비천함을 하나님이 돌아보시고, 자신을 복된 자로 삼으셨기 때문이라고 말한다. 하나님은 이 세상을 구원하시는 큰일을 행하시기 위하여 마리아라고 하는 한 여인을 선택하셨다. "큰일"은 이 일을 이루시기 위한 통로인 마리아의 모습과 너무나도 대조된다.

당시 이스라엘 사회에서 여인은 아주 작은 존재였다. 구약시대에 여자들이 하나님의 도구로 사용된 적이 있기는 하였지만, 이 당시 여성들은 사회적으로 아주 약한 존재들이었다. 성전에서 제사 지낼 때, 여인들은 이방인들과 함께 성전 밖 뜰에서 제사를 드리는 예배 공동체 속에서도 소외된 계층이었다. 그런데 하나님이 당신의 큰일을 바로 이 여인 예배 공동체 속에서도 소외될 수밖에 없었던 이름 없는 여인에게서 시작하셨다.

1905년에 인도 카시(Khasi)에서 일어난 대부흥 운동도 라마바이(Pandita Ramabai)라고 하는 한 과부를 통해서 일어났다. 라마바이는 1858년 인도 남부 카르나타카(Karnataka)에서 태어났다. 아버지 영향을 받아 어려서부터 산스크리트어와 힌두 경전을 연구했으며, 20세에 여성으로는 인도 최초로 판디타(Pandita, 학자)라는 칭호를 받았다.

그녀는 23세에 남편을 잃고 1883년에 어린 딸과 함께 의학을 공부하기 위해 영국으로 유학을 떠났다. 하지만 청력 문제로 학업을 중단해야 했다. 그녀는 힌두교 가르침과 사회에서 억압받는 여성의 현실 사이의 괴리에 실망을 느꼈다.

당시 힌두교는 여성은 악하며 구원받을 수 없다고 가르쳤다. 라마바이는 그러한 가르침에 동의할 수 없었다. 진리에 대한 갈망은 라마바이를 교회로 이끌었고, 같은 해 9월 세례를 받고 그리스도인이 되었다. 이후 인도로 돌아온 그녀는 1889년 뭄바이(Mumbai)에 자신과 같은 처지인 과부와 고아들을 돌보기 위한 묵티(Mukti)* 공동체를 설립한다.

    이곳에는 수천 명의 과부와 고아 그리고 가난한 여성들이 거주하고 있었다. 1904년 영국 웨일스(Wales)에서 일어난 대부흥 운동의 소식을 들은 그녀는 하나님이 인도에도 역사하시길 기도하기 시작하였다. 그해 6월 29일, 묵티 공동체의 과부와 고아들에게 성령이 임하였고, 이 성령의 열기는 인도 전역으로 퍼져 나갔다.

    예수 그리스도는 작은 자에게 큰일을 맡기시기 위하여 오신 분이다. 그것을 보여 주기 위해 베들레헴 마구간에서 태어나셨고, 천사들이 목자들에게 나타났다. 자격 없는 목자들을 당신의 역사에 초대하신 하나님의 섭리가 오늘 우리에게도 있었으면 한다. 오늘이 가고 내일이 온다고 해서 별로 달라질 것이 없는 하루를 살아가는 목자들에게 "너는 내가 이 세상에 심은 의의 나무요 온 세상에 미칠 큰 기쁨의 소식을 전할

---

* 힌디어로 '자유, 해방, 놓임'이라는 뜻이다.

자다"라고 말씀하신 하나님이 우리에게 말씀하신다.

"너는 새로워질 수 있다. 일어설 수 있다. 뛰어갈 수 있다!"

그러니 하나님을 기대하며 하루하루를 믿음으로 살아가 보자.

🕯 나의 결심 고백하기

# 하나님은
# 세상에서 가장 작은 것에도
# 역사하십니다

나의 작음에 실망하지 않고,
온 세상에 기쁨의 소식을
전하겠습니다

\# 새 일을 경험하고 싶을 때
\# 디모데전서 4:7

# 12

## 복음은
## 경험하지 못한 미래를
## 선사한다

○
○
○

누구나 미래를 바꾸고 싶어 한다. 사람들이 미래를 바꾸고 싶어 하는 이유 가운데 하나는 아마도 자신들이 사는 현재가 마음이 들지 않기 때문일 것이다. 문제는 나는 미래를 바꾸기를 원하지만, 나의 과거와 현재를 통해서 예상되는 미래는 내가 생각하는 것과 너무 다르다는 것이다.

우리는 시간 속에서 산다. 시간은 과거로부터 시작해서 현재를 통해 미래로 나아간다. 그리고 그 미래는 과거와 현재의 결과물이기도 하다. 이것이 이 세상 사람들이 보는 시간 이해다. 이것을 우리의 조상들은 간단한 말로 표현했다. "콩 심은 데 콩이 나고 팥 심은 데 팥이 난다." 콩을 심으면 콩이 나고 팥을 심으면 팥이 당연히 난다. 이것은 인과론이다.

원인 없이는 결과가 없다. 만약 시간이 인과론의 결과물이라고 한다면, 이러한 이해 속에서 미래는 새로움이 없다.

조계종의 종정이었던 이성철 스님이 종정에 취임하면서 했던 법문이 "산은 산이요 물은 물이로다"였다. 그때 그 말이 얼마나 멋있던지 한때 불교에 심취해서 불교에 관한 책을 얼마나 많이 읽었는지 모른다. 그런데 시간이 지나다 보니 별말이 아니더라. 산이 산이고 물이 물이지 무엇이겠는가? 이것이 불교의 세계관이다. 다시 말하자면, 콩 심은 데 콩 나고 팥 심은 데 팥 난다는 것이다. 모든 것이 업보라는 것이다.

## 근본적으로 달라질 수 있다

불교의 시간 이해, 고대 그리스의 시간 이해의 관점에서 보면, 미래는 새로움이 없다. 그런데 성경에서 말하는 미래는 과거와 현재의 연장이 아니다. 과거와 현재와 다른 질적으로 새로운 미래를 이야기한다.

이사야 선지자는 새 일을 행하시는 하나님을

선포한다. "보라 내가 새 일을 행하리니 이제 나타낼 것이라 너희가 그것을 알지 못하겠느냐 반드시 내가 광야에 길을 사막에 강을 내리니"(사43:19).

여기서 말하는 새 일은 이전과 다른 일이다. 과거에도 그리고 현재에도 경험해 보지 못했던 일이다. 과거와 현재와 전혀 다른 일이다. 그 일은 광야에 길을 내게 사막에 강을 내는 일다. 광야에 길이 날 수가 없다. 사막에 강이 생길 수가 없다.

그런데 이사야 선지자는 하나님은 능히 그런 일을 하시는 분이라고 말하고 있다. 이 새로움은 인간의 편에서 보자면 기적이다. 어떤 원인과 조건이 없이 그냥 일어나는 일이다. 경험상 도저히 불가능하게 보이는 그 일이 일어나는 것, 이것이 새 일이다. 세상은 산은 산이고 물은 물이라고 이야기하지만, 성경은 산이 물이 될 수 있고 물이 산이 될 수 있다고 말한다. 이것이 복음이다.

예수님의 첫 번째 이적이 무엇인가? 물을 포도주로 바꾼 것이다. 물은 포도주가 될 수 없다. 예수님은 이 이적을 통해서 당신이 하시는 일은 마치 물이 포도주가 되는 것처럼 우리 삶을 근본적으로 바꾸시는 것임을 보여 주셨다.

복음은 우리의 미래를 바꿀 수 있다. 아니 오직 복음만이 우리를 소위 말하는 업보에 얽매이지 않게 하고 질적으로 새로운 삶을 경험하게 할 수 있다. 변화와 변혁은 다르다. 변화는 마치 나뭇잎이 시간에 따라 그 색이 달라지는 것처럼 근본은 변하지 않고 옷만 갈아입는 것과 같다. 무대는 변하지 않고 등장인물만 바뀌는 것이 변화다. 그러나 변혁은 다르다. 애벌레가 나비가 되듯이 본질이 바뀌는 것이다.

성경은 우리가 조금 더 나은 사람이 되는 것을 말하지 않는다. 우리 존재가 근본적으로 바뀔 수 있음을 말한다. 시간은 늘 우리에게 새로움으로 다가오는데, 우리는 늘 과거의 경험으로 대답한다. 이것이 오늘 우리가 새로움을 경험하지 못하는 이유다.

이집트에서 고역을 하던 이스라엘 백성들에게 하나님이 모세를 보내셨다. 그리고 그들에게 새 일을 해하겠다고 하셨다. 새 일이란 그들을 자유인으로 만드는 것이다. 그러나 당시 이스라엘 사람들은 그것을 받아들일 수 없었다. 그들의 아버지도, 할아버지도, 증조할아버지도 그리고 고조할아버지도 노예로 살았고, 또 자신들도 지금 노예로 살고 있는데, 자유인이 된다는 말은 너무도 허황되게 들렸을 것이다. 당시 바로는 너무 강력했고, 바로가 자신들을 그냥 놓아줄 것처럼 보이지 않았다. 자신들의 자녀도 노예로 살아가는 것이 그들이 바라본 미래였다.

신약 성경에서도 이와 유사한 내용이 나온다. 예수님이 38년 된 병자에게 예수님이 찾아가서서 일어나 걸어가라고 말씀하셨다. 아마 나였다면 다음과 같이 대답하였을 것이다.

"농담하십니까? 나는 내 인생의 대부분을 앉은뱅이로 살아왔습니다. 일어나 걸으라니요. 그것이 가능하다고 생각하십니까?"

## 망령된 신화에 속지 마라

복음이 무엇인가? 인간은 자신의 죄로 인해 죽을 수밖에 없는 운명이었다. 그런데 그런 인간들에게 새로움을 주기 위해서 하나님이 인간이 되신 것 이것이 복음이 아닌가?

복음서를 들여다보라. 예수님이 어떤 사람들에게 찾아가셨는가? 당시 주류 사회에서 완전히 소외된 사람들을 찾아가셨다. 그리고 그들을 향해 너희는 모든 민족으로 제자로 삼을 것이라고 말씀하셨다.
인과론적인 견해에서 보자면 있을 수 없는 일이다.
불가능하다.

이것이 오늘날 우리의 싸움이다. 주님은 된다고
하시는데, 우리는 자기 과거에 얽매여 안 된다고 한다.
누구나 후회스러운 시간이 있다. 되돌리고 싶은 순간, 다
털어 버리고 싶은 것들이 있다. 문제는 우리가 되돌릴
수 없다는 것이다. 성경은 이런 우리에게 말한다. "보라
내가 새 일을 행하리니 이제 나타낼 것이라"(사 43:19).

미래가 보이지 않는가? 미래가 없다고 생각하는가?
그렇지 않다. 우리는 미래를 바꿀 수 있다. 과거와
현재와 다른 미래를 만들 수 있다. 과거와 현재의
관점에서 보자면 희망이 없을 수 있다. 그러나
기뻐하라. 우리에게는 새 일을 행하시는 하나님이
계시다.

"망령되고 허탄한 신화를 버리고 경건에 이르도록 네
자신을 연단하라"(딤전 4:7).

미래는 결정되지 않았다. 미래는 우리가 만들어
가는 것이다. 미래를 만들어 가기 위해서 해야 할 일이
무엇인가? 성경은 먼저 우리에게 망령되고 허탄한
신화를 버리라고 말한다.

"망령되고"는 헬라어로 베벨루스(βεβήλους)인데 영어로 "profane"(신을 모독하는)으로 번역한다. 바울은 먼저 디모데에게 망령된 것들, 즉 하나님의 능력을 모독하는 것들을 거절하라고 말하는 것이다.

여기서 하나님의 능력을 모독하는 가르침이란 율법주의 혹은 유대주의다. 율법주의는 인과론과 같은 것이다. 이들은 원인이 있어야 결과가 있다고 믿는다. 구원에도 원인이 있어야 한다고 가르쳤다.

그러나 구원은 전적으로 하나님의 은혜다. 칼뱅은 이를 인간의 전적인 부패 그리고 하나님의 불가항력적 은혜라고 말했다. 유대주의자들은 인간의 노력이 구원의 중요한 조건이라고 보았다. 이러한 이유로 바울은 이들의 가르침이 하나님의 능력을 모독하는 것이라고 보았다. 율법주의자들에게 있어서 그 중심점은 언제나 과거다. 오늘과 미래는 단지 과거의 결과물일 뿐이다. 이것을 공식화하면, '과거+현재=미래'가 된다.

문제는 우리가 과거를 바꿀 수 없다는 것이다. 이러한 관점에서 보면, 우리는 미래와 관련해서 아무것도 할 것이 없다. 그러나 성경은 그렇게 이야기하지 않는다. 과거와 현재가 미래를 결정하는 것이 아니라 미래가 현재와 과거를 결정한다고 말한다.

내 전공은 종말론이다. 종말론을 한마디로 말하자면, '끝에서 시작하다'(beginning from the end)다. 그리스도인은 세상 사람들과 세상을 바라보는 관점이 다르다. 과거와 현재를 통해서 미래를 바라보는 것이 아니라 미래, 즉 하나님의 약속을 통해서 오늘을 본다. 하나님의 약속인 미래를 통해서 나의 현재를 다시 보니 내가 지금 보내는 고통스러운 시간이 저주받은 시간이나 과거의 운명의 굴레가 아니라 미래의 영광을 위한 디딤돌이었다고 고백하게 되는 것이다.

"생각하건대 현재의 고난은 장차 우리에게 나타날 영광과 비교할 수 없도다"(롬8:18).

율법주의자들, 운명론자들은 말한다. 내일은 이미 결정되었다고. 우리는 과거의 굴레에서 벗어날 수 없다고. 이게 바로 바울이 말하는 망령된 신화다.

한 번 더 강조하지만, 구원은 우리에게 어떤 조건이 있어서 이뤄지는 것이 아니다. 전적으로 하나님의 일방적인 은혜다. 우리의 미래도 마찬가지다. 세상은 말한다. 우리가 미래를 건설할 수 있다고. 문제는 지금까지 부실 공사를 했다면, 우리가 건설하는 미래

역시 부실하리라는 것이다. 이러한 미래는 소망이 없다.

　오늘이 가면 내일이 오는 것이 아니다. 오늘이 가면 새날이 온다. 과거에 얽매이지 말자. 우리가 믿는 하나님은 새 일을 행하시는 분이시다. 과거에 경험해 보지 못했던, 아니 지금 상상하지도 못하는 일들을 행하시는 분이시다.

## 허탄한 신화를 버리라

우리는 헛된 신화도 버려야 한다. "망령되고 허탄한 신화를 버리고 경건에 이르도록 네 자신을 연단하라"(딤전 4:7).

　헛된 신화란, 헬라어로 "그라오데이스 뮈두스"(γραώδεις μύθους)인데 영어 성경은 이것을 "old wives' tales"(NIV)로 번역하였다. 즉 나이 많은 여인들이 아이들을 무릎에 앉혀 놓고 하는 이야기하는 것을 말한다. 우리말로 하자면 쓸데없는 말들이다. 헛된 신화가 무엇일까? 이러한 사람들은 인생의 어두운 면을 부인한다. 그리스도인들은 넘어짐도 없고, 늘 승리하고 기쁨이 넘칠 것이다.

　오늘날 한국 교회를 어지럽게 하는 번영 신학,

성공 신학이 이 부류에 속한다. 병 낫는 것만이 믿음이 아니다. 당당하게 고통을 맞이하는 것도 믿음이다. 형통하는 것만 믿음이 아니다. 시련의 한복판에서 하나님을 체험하는 것이 믿음이다. 신자들에게 어려움이 있다. 중요한 것은 그것이 우리를 쓰러트리지 못한다는 것이다.

신앙은 알라딘의 마술 램프가 아니다. 성도들 가운데 일부는 현실에 눈을 감아 버리고, 헛된 신화를 꿈꾸는 사람들이 있다. 그런데 이런 사람들이 믿음이 있어 보인다. 선교에 헌신했다고 하면서 단기 선교라는 이름으로 해마다 선교지만 방문하는 사람들이 있다. 그러나 정말 선교에 헌신했다면, 나라를 정하고 그 나라를 주제로 공부하고, 영어와 현지어를 공부해야 한다. 누군가를 사랑한다고 하면서 누구인지 그 대상이 없다고 한다면, 정신 나간 사람이 아니고 무엇이겠는가? 문제는 오늘날 한국 교회에서 이런 사람들이 믿음이 있다고 인정받는 데 있다.

잘못된 기도의 영성도 문제다. 기도원에서 '주여! 주여!' 하면 대학에 합격하나? 세상이 변화되나? 기도하지 말라는 것이 아니다. 기도해야 한다. 그러나 동시에 문도 두드려야 한다. 사람들은 천사의 말이나,

예언하는 능력, 모든 것을 아는 지식이 있으면, 이러한 기적과 같은 체험을 하면 인생이 바뀌리라 생각한다.

이런 것들이 허탄한 신화다. 허탄한 신화는 현실을 도외시한다. 그러나 기독교 신앙은 현실 도피를 하지 않는다. 진정한 영성은 현실에 기초한다. 이 현실은 앞에서 말한 하나님의 약속에서 바라본 현실이다. 건강한 믿음은 현실의 어려움을 부인하지 않는다. 인정한다. 그러나 그것을 변화시키는 미래의 힘(the power of the future)을 믿기에 그 현실에 압도당하지 않고, 그것과 마주 서게 한다.

"바람은 계산하는 것이 아니라 극복하는 것이다." 영화 〈최종병기 활〉에서 남이가 한 말이다. 그렇다. 믿음은 계산하는 것이 아니라 극복하는 것이다. "여호와께서 요셉과 함께하시므로 그가 형통한 자가 되어 그의 주인 애굽 사람의 집에 있으니"(창39:2). 요셉은 형통한 사람이었다. 그렇다면 요셉은 아무런 문제가 없는 삶을 살았을까? 우리가 성경을 통해서 보는 것처럼 요셉은 많은 어려움을 겪어야 했다. 그러나 중요한 것은 그러한 난관들이 그를 쓰러트리지 못했고, 오히려 더 강한 사람으로 만들었다는 것이다. 시련의 한복판에서 하나님을 체험하는 것이 믿음이다.

신자들에게 어려움이 있다. 중요한 것은 그것이 우리를 쓰러트리지 못한다는 것이다.

앞에서 기독교인의 시간 이해는 목적론이라고 말했다. 우리는 바뀔 것이다. 그러나 이루어질 미래와 현실 사이에 공백이 있다. 이 공백을 채우는 것이 믿음이다. 지금은 희미하게 보인다. 그러나 언젠가 얼굴과 얼굴을 맞대고 보는 것처럼 분명히 보일 때가 있다. 그때까지 우리는 우리가 걸어가야 할 그 길, 믿음의 길을 걸어가야 한다.

이것을 신학적인 용어로는 성화이고, 성도의 견인이다. 성화가 인간의 역할이라면 견인은 하나님의 몫이다. 본문은 인간이 감당해야 할 부분을 염두에 두고 경건에 이르기를 연습하라고 말한다. 경건에 이르기를 연습하라는 것은, 연습보다는 사실 훈련이라는 말이 더 적절한 표현인데, 훈련을 통해서 우리의 현실이 바뀔 수 있다는 것이다.

우리의 현실을 보자. 우리는 강한 자가 아니다. 약한 자다. 승리보다는 실패를 더 많이 경험하고 있다. 나도 넘어지고 쓰러진다. 때로 포기하고 싶을 때가 있다. 그럼에도 이 길을 가는 이유는 비록 지금은 내 인생이 사막이지만, 그곳에 강물이 흐를 것을 믿기 때문이다. 지금은 내가 광야에서 헤매고 있지만, 곧 길이 보일 것임을 믿기 때문이다.

그날을 바라보며 경건의 연습을 하자. 우리가 이렇게 경건을 통해 미래와 현재의 공백을 메우다 보면, 새 일을 경험하게 될 것이다. 우리 하나님은 광야에 길을 내시고, 새 일을 행하시는 분이다. 지금은 광야 같지만, 주님이 내실 그 길과 사막에 흐를 강을 기대하며 앞으로 나가자. 거룩함으로 세상을 이기는 성도가 되자. 거룩함이 답이다. 경건함이 답이다. 복음이 만들어 가는 새로운 미래를 기대하며 믿음으로 나아가자.

## 나의 결심 고백하기

우리의 미래를
근본적으로 바꾸는 복음을
내게 주셔서 감사합니다


하나님의 약속을 붙들고,
현재를 담대히
살겠습니다

## 에필로그

지난 3년간 함께 단기 선교를 가며 많은 것을 나누었던
총신대학교 신학과 선교동아리 업드림 학생들에게 깊은
감사를 전합니다. 비록 이 책에 모두를 담지 못했지만,
그들과 함께한 시간은 이 시대 젊은이들의 고민과
희망을 이해할 수 있는 소중한 경험이었습니다.

또한, 지난 20년간 청년들과 만날 수 있는 귀한
기회를 제공한 KOSTA와 청년을 위한 일이라면 언제나
열심히 달려와 준 사랑하는 동생들 여근하, 김선희,
박광식, 강찬에게도 진심으로 감사드립니다. 나의
사역을 든든히 지지해 준 김형준 목사님, 권경섭 회장님,
박종철 부사장, 최희호 대표님과 한종근 목사님에게도

깊은 고마움을 전합니다.

젊은 시절 나에게 영향을 주신 신앙의 선배들처럼,
이 책이 누군가에게 다시 일어설 용기를 선물하기를
바라며, 먼 훗날 이 책을 읽은 이들이 또 다른
누군가에게 힘이 되기를 소망합니다.